W0057594

Das Geheimnis glücklicher Pädagogen

Mehr Harmonie durch Resonanz

Für alle Bildungsbegleiter: Erzieher, Lehrer, Sozialarbeiter,
Therapeuten, Betreuer, (Pflege-)Eltern

Die Deutsche Nationalbibliothek verzeichnet diese
Publikation in der Deutschen Nationalbibliografie.
Detaillierte bibliografische Daten sind im Internet über
http://dnb.ddb.de abrufbar.

© Ilka Köhler
Juni 2015
Wittstock / Dosse
Alle Rechte vorbehalten

ilka-koehler.blogspot.de
Kontakt: koehler.ilka@gmail.com

Coverfoto: Heike Lüdtke - photodesign
Coverdesign: Jürgen Unruh, Unruh Grafik Design
Druck und Bindung: createspace.com

ISBN-13: 978-1514157411
ISBN-10: 1514157411

Inhaltsverzeichnis

Vorwort

Unglücklicherweise ist es für überlastete Lehrer fast ein Ding der Unmöglichkeit, sich eine instinktive Zuneigung für die Kinder zu erhalten; sie werden allmählich für Kinder unweigerlich das Gleiche empfinden, wie der sprichwörtliche Konditorlehrling für Makronen.
(Bertrand Russell)

Die Lehrerzimmer sind voll von ausgebrannten Pädagogen. Der Krankenstand nimmt nach Aussage der Schulämter von Jahr zu Jahr zu. Die Pädagogen sind einer der Berufsstände mit den häufigsten Fällen von „Burnout" und anderen psychischen und physischen Problemen. Kein Wunder, dass es uns Pädagogen immer schwerer fällt, eine entspannte Unterrichtssituation und ein harmonisches Miteinander zu gestalten, geschweige denn, eine sinnvolle Wissensvermittlung und einen vorderen Rang bei den besagten „Pisa-Studien" zu erreichen.
Doch wo liegt die Ursache hierfür?

Möglich wäre, es mit Schuldzuweisungen zu versuchen, wie es in unserem Zeitalter besonders beliebt aber eben auch besonders ineffektiv ist. Natürlich wäre mehr sinnvoll eingesetztes Geld für die Bildung von Nöten, mehr Kollegen, welche über einen längeren Zeitraum an der gleichen Einrichtung arbeiten können und nicht ständig den Arbeitsort wechseln müssen. Auch kürzere Fahrwege durch eine wohnortnahe Einsetzung wären wünschenswert. Ebenso kleinere Gruppen/Klassen und mehr individuelle Förderung sind Themen, welche seit Jahren von Kollegen sämtlicher Bildungseinrichtungen gefordert werden. Nur mit Forderungen kommen wir jedoch nicht weiter.

11

Uns nützen die besten Förder- und Unterrichtsmaterialien, die schönsten Projektideen oder die interessantesten Weiterbildungen nichts, wenn wir weder die Zeit noch die Kraft haben, diese umzusetzen.
Was also können wir tun?

Fakt ist, wir können weder das desolate Bildungssystem verändern, noch unsere Kollegen. Das Einzige, was wir nachhaltig verändern können, ist unsere persönliche Sicht auf die Dinge die uns umgeben, also auf das, was wir unsere eigene Wahrnehmung nennen.
Doch was wollen wir wahrnehmen?

Ich habe vor einigen Jahren an einer für mich sehr prägenden Weiterbildung teilgenommen. Ein Thema dieses Seminars war die persönliche Wahrnehmung. Zur Einleitung in das Thema sollten sich alle Teilnehmer folgende Szene bildlich vorstellen: Ein Mann und eine Frau sitzen abends auf ihrer Couch. Nun spricht der Mann den Satz: „Schatz, mein Bier ist alle!" Anschließend sollten die Teilnehmer sagen, was sie aus diesem kurzen Satz heraushörten.

Es war faszinierend und sehr verblüffend für mich, zu hören, was in diesen wenigen Worten stecken sollte. Jeder Teilnehmer hatte seine eigene Wahrnehmung der Situation und so unterschieden sich die Erklärungen gewaltig.

Sie reichten von: „Soll ich Dir etwas mitbringen?" über: „Schatz, lass uns ins Bett gehen!" bis hin zu: „Hol mir mal ein Neues!" Und dann noch all die Untertöne und Facetten. Freundlich und zuvorkommend bis unfreundlich und barsch.
Das alles steckte in diesem kurzen Satz!
Die Beziehungsebene dieser Kommunikation war deutlich zu erkennen. (vgl. Watzlawick 2. Axiom/pragmatisches Kalkül).

Unglaublich, wie viele unterschiedliche Möglichkeiten es gibt, allein über diesen kleinen Satz zu denken.

Bemerkenswert ist auch, dass uns niemand zwingen kann, in einer bestimmten Art und Weise über ein Problem oder eine Situation nachzudenken. Die Entscheidung darüber treffen wir selbst. Und hier stellt sich die große Frage. Warum nehme ich diese Situation so wahr und nicht anders? Und noch viel wichtiger: Wie möchte ich diese Situation überhaupt wahrnehmen?

Das klingt banal. Aber wie wir alle aus Erfahrung wissen, ist es das natürlich nicht. Denn wir sind von unserer Umgebung und durch Erziehung zu einem sozialen Wesen geformt worden, welches innerhalb dieser auferlegten Grenzen denkt, fühlt und handelt. Dieses Buch soll Ihnen die Möglichkeit geben, mit erprobten und effektiven Vorschlägen in Zukunft genau diese Entscheidung wieder selbst treffen zu können.

Es gibt einige große Universalgesetze, welche im Zusammenhang mit diesem Thema stehen. Dazu gehören unter anderem das Resonanzgesetz und die Polarität. Auf das Gesetz der Resonanz möchte ich in diesem Buch speziell eingehen. Ich bin mir bewusst, welchen Stellenwert auch das Gesetz der Polarität einnimmt, doch ich denke, dass wir viel erreichen, wenn zunächst das Gesetz der Resonanz in die Pädagogik einziehen wird.

Ihre Sicht der Welt dahingehend zu verändern, was mithilfe der Resonanz möglich ist, bedarf schon viel Veränderungswillen und Vertrauen. Fangen wir deshalb mit dem einen Universalgesetz an und entscheiden Sie anschließend, ob Sie ein weiteres Gesetz kennenlernen und erfühlen wollen.

13

Leider werden diese wichtigen Gesetze kaum bis gar nicht in den pädagogischen Studiengängen behandelt. Dabei ist das Wissen um diese Gesetzmäßigkeiten besonders hilfreich für unsere tägliche Arbeit. Aus diesem Grund sollten wir Pädagogen von diesen Gesetzen Kenntnis haben, denn sie beinhalten und erklären alle unterschiedlichen zwischenmenschlichen Beziehungen und die damit verbundenen persönlichen Wahrnehmungen.

Jeder von uns arbeitet täglich viele Stunden mit den verschiedensten Menschen zusammen, mit Kindern, mit deren Eltern und mit Kollegen und Vorgesetzten. Gerade deshalb sollten wir wissen, wie sich negative Begebenheiten positiv beeinflussen - oder noch besser - verhindern lassen. So kann sich schließlich für alle Beteiligten ein harmonisches Miteinander ergeben.

Wundervoll an diesen Universalgesetzen ist nämlich nicht nur, dass sie immer und universell einsetzbar sind, sondern auch, dass sie sich immer positiv auf mich als Anwender und ebenso positiv auf alle an der Situation Beteiligten auswirken. Das Universum fügt alles harmonisch ineinander.
Verändern wir unsere negative Sicht auf bestimmte Situationen, Gegebenheiten oder Verhaltensweisen, werden sich diese Situationen in eine positive Richtung verändern und unsere Arbeit erleichtern und bereichern.

Wir sollten keinesfalls vergessen: Diese Kinder sind uns anvertraut worden. Anvertraut von Gott und von Ihren Eltern. Anvertraut bedeutet, diese Menschen vertrauen uns ihre Kinder in dem Glauben und Hoffen an, dass diese bei uns behütet, gefördert und angenommen sein werden. Deshalb sollten auch wir vertrauen. Vertrauen darauf, dass sich die Kinder auf ihrem, dem richtigen Weg befinden, welchen wir mit ihnen zusammen gehen und auf welchem wir aneinander wachsen und dazulernen können.

Denken Sie bitte das nächste Mal daran, bevor Sie - aus welchen Gründen auch immer - ein Kind zu scharf kritisieren, oder es „in eine Schublade stecken". Aus dieser wird es nur schwer wieder herausfinden. Lassen wir die Schüler lieber mit Freude zur Schule kommen und unterstützen wir sie aktiv bei ihrem Entwicklungsprozess.

Hierbei ist es egal, aus welchen Gründen Sie sich entschieden haben, einen pädagogischen Beruf zu wählen, ob Sie als Erzieher in der Kindertagesstätte, im Heimbereich oder als Lehrer tätig sind, oder ob Sie Ihre pädagogischen Fähigkeiten als Mutter oder Vater unter Beweis stellen müssen. Jedem von uns war bewusst, dass wir für viele Jahre mit kleinen Persönlichkeiten zusammenarbeiten werden, kleinen Individuen, die jeder für sich eine eigene Persönlichkeit haben und diese im Laufe der Zeit weiterentwickeln werden. Bei dieser Entwicklung dienen wir den Kindern als Begleiter auf dem Weg zu Eigenständigkeit und Selbstverantwortung.

Unsere Aufgabe ist es, die kleinen Persönlichkeiten mit Freude bei der Weiterentwicklung ihrer Persönlichkeit zu unterstützen und ihnen, auch in schwierigen Situationen, den nötigen Halt und die Kraft für eine positive Entwicklung zu geben. Das kann uns jedoch nur gelingen, wenn wir selbst genügend Halt und Kraft in uns verspüren und wir seelisch, geistig und körperlich eine Einheit bilden.

Seien wir deshalb dankbar dafür, dass die Kinder uns helfen, an unseren Themen zu arbeiten und seien wir dankbar, dass sie uns helfen, diese Themen aufzuspüren und Lösungswege zu finden. Wege, die unsere entleerten Kraftreserven wieder auffüllen und unser weiteres Leben bereichern werden.

Danken wir dem Leben für unseren Beruf und das Vertrauen, welches uns von so vielen Seiten entgegengebracht wird. Nutzen Sie die Chance, Ihr Leben zu verändern. Wecken bzw. entdecken Sie die Sonne in Ihrem Herzen. Ihre Welt wird umso bunter und freudiger sein.

Ich freue mich darauf, Sie auf diesem Weg begleiten zu dürfen!

Ihre Ilka Köhler

PS: Aus Gründen der besseren Lesbarkeit werde ich im Verlauf des Buches auf die männliche Form der Berufsbezeichnungen zurückgreifen. Man möge mir dies verzeihen.

Zu diesem Buch

Der wahre Zweck eines Buches ist,
den Geist hinterrücks zu eigenem Denken zu verleiten.
(Christopher Morley)

Ziel dieses Buches ist es tatsächlich, Ihren Geist anzuregen. Anzuregen insofern, dass ich Ihnen die Möglichkeiten zu einem zufriedeneren, positiveren Leben aufzeigen werde, welche ich im Laufe der letzten Jahre persönlich erlernen und erfahren durfte.

Es ist schwierig, ein so wichtiges Thema in die passenden Worte zu fügen. Worte können leicht täuschen oder Missverständnisse und Ablehnung hervorrufen. Spreche ich hier also in Worten, die Ihnen wenig verständlich oder unpassend erscheinen, haben wir - Sie als Leser und ich als Autor - zu dem jeweiligen Wort eventuell einen unterschiedlichen Bezug. Um solche Missverständnisse zu vermeiden, möchte ich Ihnen diese Problematik an dem Wort „Beziehung" verdeutlichen.

Viele Menschen führen eine Beziehung mit jemandem. In etlichen Fachbüchern wird von Beziehungsstörungen bis hin zur Beziehungsunfähigkeit gesprochen. Mit dieser Beziehung, die wir zu jemandem haben, ist der liebevolle Umgang zwei sich Liebender gemeint. Doch im Wort *Beziehung* steckt das Verb *ziehen*. Ich möchte also denjenigen Menschen auf meine Seite *ziehen*, schlimmer noch, ich versuche vielleicht sogar, ihn zu er*ziehen*. Wie unschön. Wählen wir für diesen Sachverhalt das Wort *Verbindung*, können wir mit dieser Person im Herzen ver*bunden* sein, aber vielleicht sind wir leider auch im materiellen Leben an sie

17

gebunden (ein relativ häufiges Scheidungsthema) und schon erscheint das Wort in einem völlig neuen Licht.

Mein persönlicher Favorit hierzu ist das Wort Partnerschaft, denn ich lebe mit meinem erwachsenen Lieblingsmenschen als gleichberechtigte und gleichliebende *Partner* zusammen.

Es mag sein, dass Sie lieber ein ganz anderes Wort wählen würden, so kann es auch bei dem Wort: Gott / Universum / alleinige Macht / himmlischer Vater / allumfassende Liebe / allwissendes Unterbewusstsein... sein. Suchen Sie sich jeweils Ihren Favoriten und ersetzen Sie einfach die Textstellen mit diesem für Sie angenehmeren Wort.

Doch nun lassen Sie uns in ein neues Leben starten: Ich hatte - wie ich im Nachhinein feststellen konnte - das Glück, dass mich viele unangenehme Situationen so tief brachten, dass ich dringend einen Weg finden musste, aus eigener Kraft etwas dagegen zu tun. Ich machte mir nicht nur Sorgen um meine Zukunft, sondern ich fühlte mich richtiggehend schlecht und krank. Außerdem war mein Vertrauen in Fremde zu diesem Zeitpunkt verschwindend gering, deshalb musste ich meinen eigenen gut versteckten Weg finden. Einen Weg, der mit reichlich verlockenden Umwegen getarnt war.

Einen Weg, den ich bruchstückhaft versteckt in zahlreichen Büchern und der Tiefe meines Innersten verborgen fand. Den Weg also zu wirklich bekennender Selbstverantwortung, zu mehr Glück und einem erfüllteren Dasein, denn nur so konnte ich auch gut sein in meinem gewählten Beruf: als Pädagogin.
Wie hätte ich sonst, unglücklich, enttäuscht und vertrauenslos geworden, einen für meine Schüler gewinnbringenden Unterricht abhalten sollen?

Wie sollten diese Kinder Dinge von mir erlernen, die ich selbst nicht genau wusste und mir vor allem nicht einmal erklären konnte? Wie hätte ich wichtige soziale Kompetenzen vermitteln sollen, während ich unwissend war, da ich noch nie etwas von dem Gesetz der Resonanz gehört oder von der Wirkung der Polarität geahnt hatte.

Vor einiger Zeit las ich in einem bemerkenswerten Buch, dass man nur die Dinge gut lehren kann, die man selbst gerade lernt. Nun, ich lerne noch immer dazu: über zwischenmenschliche Beziehungen, über die faszinierenden universellen Gesetze und die allumfassende Liebe. Und ich muss sagen, ich habe großen Spaß dabei. Ich bin immer wieder beeindruckt zu sehen, wie sich alles zu einem Besseren fügen kann, wenn der Mensch es tatsächlich will.

Aus diesem Grund ist es mir hoffentlich möglich, Ihnen mit dem was ich bisher *erfahren* und *erfühlt* habe, Wege aufzuzeigen, zu einem zufriedeneren, glücklicheren Leben.

Denn das *Erfühlen* leitet sich ab von dem *Gefühl* und dem *Fühlen*. Und ich konnte meine *Erfahrungen* sowohl auf körperlicher, als auch auf emotionaler Ebene spüren. Ich *fühlte* sozusagen meinen, den für mich richtigen Weg. Einen Weg zu bester Gesundheit von Körper, Geist und Seele. Einen Weg hin zu einem gesunden Körper, einem harmonischen Privatleben und beruflicher Erfüllung.

> Mit dem Geist ist es wie mit dem Magen:
> man sollte ihm nur Dinge zumuten,
> die er verdauen kann.
> (Winston Churchill)

19

Für manche Leser wird sich dies fantastisch anhören, für einige sogar utopisch. Gerade wir Pädagogen zweifeln häufig und neigen dazu, Dinge zu hinterfragen. Besonders Lehrer der Naturwissenschaften möchten für alles eine logische, wissenschaftliche Begründung und einen unverrückbaren Beweis. Diese Beweise kann ich Ihnen hier kaum liefern, und Begründungen nur vereinzelt.

Doch bedenken Sie, das was ich Ihnen hier bieten kann, sind gesammelte Erfahrungen. Erfahrungen nicht nur von mir, sondern auch von vielen anderen Personen. Personen, die - ebenso wie ich - mit ihrem bisherigen Leben zutiefst unzufrieden waren und nun von den Veränderungen in ihrem Leben beeindruckt sind. Ich kann Ihnen wirklich empfehlen, im Sinne von Christopher Morley zu handeln und ihren „Geist hinterrücks zu eigenem Denken zu verleiten". Die Welt ist ausgebreitet und wartet darauf, von Ihnen mit Freude angenommen zu werden. Und mal ehrlich, was kann schon passieren??? Der schlimmste Fall wäre der, dass sich in Ihrem bisherigen Leben nichts, aber auch gar nichts verändert und alles so bleibt wie bisher. Das ich dies nicht glauben kann, brauche ich wohl nicht weiter auszuführen!

In diesem Buch möchte ich nichts beschönigen, denn der Weg bis hierher war auch für mich nicht immer leicht: lieb gewonnene und unbekannte - da ungeahnte - Gewohnheiten mussten aufgegeben werden; geglaubte Freunde mussten als schädliche Energieräuber enttarnt und losgelassen werden; ich musste mich aussöhnen mit Verletzungen aus meiner Vergangenheit, um Frieden und Harmonie für meine Zukunft zu schaffen; ich musste lernen, zu vergeben und ich musste lernen, mich selbst zu lieben! Nur so kann ich jetzt in der Gegenwart und später in der Zukunft meinen Nächsten ebenso sehr lieben wie mich selbst.

Auf Ihrem Weg, zu mehr Glück, Freude und Zufriedenheit möchte ich Sie mit diesem Buch ein Stück begleiten. Durch die hier zusammengestellten Anregungen haben Sie die Möglichkeit, wieder ein glücklicher und gesunder Mensch zu werden! Zusätzlich habe ich für Sie einige in meinen Augen sehr hilfreiche Bücher zu Wort kommen lassen und Zitate von inspirierenden Persönlichkeiten ausgewählt. So können Sie sehen, welche bedeutenden Menschen sich bereits vor uns mit dieser Thematik beschäftigt haben, und Sie können auf deren Wissen zurückgreifen.

Zunächst einmal ist es jedoch wichtig, zu erkennen, dass wir aus dem Hamsterrad unseres alten Lebens heraus müssen. Viele sind gefangen von Selbstzweifeln und Versagensängsten, auf der Suche nach Anerkennung und Bestätigung. Gefangen in einer inneren Tretmühle aus schlechten Gedanken, unangenehmen Gefühlen, falschen Glaubensgrundsätzen und negativen Gewohnheiten. Dies zu erkennen, ist der entscheidende Schritt in Ihr neues Leben.

Wenn Sie dazu bereit sind, lesen Sie dieses Buch weiter und erschaffen sich Ihr Leben, wie Sie es gerne möchten! Ihr Leben kann wundervoll, ja geradezu fantastisch sein. Genau so farbenfroh, wie Sie es gerne hätten. Die Welt ist bunt. Kommen Sie heraus aus dem tristen „Grau" Ihres Alltags und gestalten Sie Ihr Leben in leuchtend bunten Farben neu.

Sind Sie mit sich im Reinen und voller Zufriedenheit, werden Sie sich auch so verhalten und diese Zufriedenheit ausstrahlen. Mit einer freundlichen Ausstrahlung können Sie einen für beide Seiten gesunden Umgang mit den Ihnen anvertrauten Kindern pflegen und nach der Sonne in Ihrem Herzen auch den Spaß und die Freude an ihrer Arbeit (wieder-) entdecken.

Das Resonanzgesetz

> Die größten Wahrheiten, die auf unser Leben einwirken,
> sind auch die einfachsten.
> (Joseph Murphy)

Viele verschiedene Gelehrte und großartige Persönlichkeiten aller Zeiten wussten oder wissen von diesem Gesetz. Lange Zeit galt es als ein großes Geheimnis. Wer das Glück hatte, dieses Gesetz zu kennen, versuchte, es zu behüten. So blieb es im Laufe von vielen Jahrhunderten nur wenigen Menschen vorbehalten, ausschließlich denen, die zu dem Gesetz in Resonanz gingen und somit das Wissen darum förmlich anzogen. Seit einiger Zeit ist es nun soweit. Immer mehr Menschen beginnen, sich für das Gesetz zu interessieren, und nutzen es zum Wohle aller. Endlich ist die Zeit gekommen, diese Gesetzmäßigkeit in der Pädagogik zu beachten.

Noch im Jahr 2oo9 schrieb Rüdiger Dahlke in seinem Buch „Die Schicksalsgesetze", dass in der Pädagogik das Resonanzgesetz leider viel zu wenig Beachtung findet.

Die Pädagogik steht leider noch vor der Entdeckung der Resonanz. Nur so sind ihre ausgesprochen schwachen Ergebnisse zu erklären. Lehrer sind den modernen Jugendlichen – jedenfalls in Deutschland und Österreich - kaum noch Vorbild, dafür sind sie zu schlecht bezahlt und in der gesellschaftlichen Anerkennung zu weit gesunken. Einzelne Lehrer aber haben das Gesetz der Resonanz immer angewandt und sich und ihren Schülern das Leben damit leichter gemacht.
(Rüdiger Dahlke in „Die Schicksalsgesetze")

Und er hat Recht! Als Schülerin wäre mir eine Lehrerin lieb gewesen, die dieses Gesetz gekannt hätte. Doch ich wurde von einer zutiefst unzufriedenen Grundschullehrerin unterrichtet. Sie hätte mit diesem Wissen jahrelange Selbstzweifel und deren zerstörerische Wirkung auf mein Leben verhindern können. Nun, wer weiß, dann hätte ich sicher andere Erfahrungen in meinem Leben gemacht und schrieb heute nicht dieses Buch.

Jedoch nicht nur für die Kinder, auch für uns Pädagogen ist die Entdeckung der Resonanz von großem Nutzen. Viele Probleme unserer täglichen Arbeit, ob mit Schülern, Eltern oder Kollegen beruhen auf den Zusammenhängen des Resonanzgesetzes. Aus diesem Grund ist es besonders wichtig, den Pädagogen, als Vorbildern der nächsten Generation, die Vor- und Nachteile der Resonanz nahezubringen.

Zum Glück können wir heute, genau wie viele großartige Persönlichkeiten der Menschheitsgeschichte, die Vorteile des Resonanzgesetzes für uns und unsere Kinder arbeiten lassen. Denn Platon, Newton, Einstein, Mutter Theresa und viele mehr kannten die Auswirkungen der Resonanz und sie verstanden es vorzüglich, die unglaublichen Möglichkeiten des Resonanzgesetzes zu nutzen.

Was ist also Resonanz? Ist sie wirklich dieses große Geheimnis? Oder ist es vielleicht so bestechend logisch, dass wir - über all die Jahre hinweg - den Wald vor lauter Bäumen nicht sehen konnten?
Ja! Tatsächlich! So ist es!

Einfach formuliert kann man sagen:
Resonanz ist **Anziehung**.

24

Und die damit verbundene Anziehungskraft zieht immer zueinander passende Phänomene an! Deshalb wird das Resonanzgesetz auch als „GDA", das Gesetz der Anziehung, bezeichnet.

Über die physikalischen Auswirkungen der Anziehung wurden wir alle während unserer eigenen Schulzeit unterrichtet. Leider lernten wir jedoch nichts über die mentalen Auswirkungen der Anziehungskraft.

Die Resonanz / die Anziehung bedeutet für jeden einzelnen von uns:

- dass wir nur Dinge, Umstände, Emotionen etc. wahrnehmen, zu denen wir eine Resonanz haben
- dass wir nur mit den Dingen, Umständen, Emotionen etc. in Kontakt kommen, zu denen wir eine Resonanz haben
- dass wir nur die Dinge in unserem Leben erfahren und erleben, die wir selbst anziehen.

Wie sagt schon der Volksmund: „Gleich und Gleich gesellt sich gern!" Der Umkehrschluss bedeutet: Nehmen wir manche Dinge, Umstände oder Emotionen in unserem Leben nicht wahr, haben wir keine Resonanz zu ihnen. Es findet keine Anziehung statt.

Wirklich faszinierend daran ist, dass wir, bewusst ebenso wie unbewusst, beeinflussen, womit wir in Resonanz gehen!

Dieses Phänomen der Resonanz kennt sicherlich ein jeder unter der „veränderten Wahrnehmung".
Kaum hat man sich entschlossen, ein Kind zu bekommen, scheint die ganze Stadt mit Kinderwagen und schwangeren Frauen bevölkert zu sein. In der Werbung sehen wir vermehrt Babynahrung und im Versandhauskatalog die entzückende

Babykleidung. Ähnlich kurios ist es bei der Anschaffung eines Hundes, eines neuen Autos oder, oder, oder...

Die persönliche Wahrnehmung hat sich neu ausgerichtet und wir gehen mit diesen scheinbar neuen Dingen in Resonanz. Deshalb fallen sie uns plötzlich auf, da waren sie schon immer. Wir hatten bloß noch keine Resonanz zu ihnen. Lediglich aus diesem Grund blieben sie unserer Wahrnehmung so lange verborgen.

Und nicht nur uns Erwachsenen geht es so!
Berichte von Eltern zeugen häufig von diesem Phänomen, wenn ihre lieben Kleinen aus dem Kindergarten oder der Schule heimkommen und sich lautstark beschweren, weil: ALLE anderen am Wochenende in den Zirkus gehen, oder weil ALLE anderen eine bestimmte Spielkonsole haben und ALLE anderen noch spät am Abend eine bestimmte Sendung im Fernsehen schauen dürfen.
Kennen Sie das? Unseren Kindern geht es hierbei nicht anders als uns. Auch sie haben ihre eigene Wahrnehmung.

Die Resonanz als allgemeingültiges Naturgesetz

Fakten hören nicht auf zu existieren,
wenn man sie absichtlich übersieht.
(Aldous Huxley)

Ebenso wie die Schwerkraft, der Magnetismus oder der Energieerhaltungssatz ist die Resonanz ein allgemeingültiges Naturgesetz.

Es ist unter Garantie keine Ausnahme möglich! Genauso wie die Schwerkraft jeden Gegenstand auf den Boden zieht, genauso wie sich bei jedem Magneten Nordpol und Südpol anziehen, genauso allgemeingültig und unpersönlich ist auch das Gesetz der Resonanz. Die Resonanz wirkt, egal, ob Sie daran glauben oder nicht. Und nicht nur das: Die Resonanz wirkt auch bei jedem Menschen exakt gleich.

Wollen wir nun im Sinne der Resonanz arbeiten, müssen wir wissen, dass wir bestimmte Frequenzen aussenden. Diese Frequenzen suchen sich ihre „Partnerfrequenzen", welche dann zu uns zurückkommen. Das bedeutet, dass wir wie eine Antenne funktionieren. Der Mensch existiert als eine lebende Sende- und Empfangsstation. Wir senden und empfangen bestimmte Frequenzen, aber wie funktioniert das? All dies ist die Kraft unserer Gedanken!

Senden wir beispielsweise eine Welle von purer Unzufriedenheit in das Universum, ziehen wir Dinge an, die uns unzufrieden machen. Denken Sie also in Bezug auf ein Kind in negativen Gedankenmustern wie: „Heute macht es bestimmt wieder so ein Theater", wird genau das eintreffen, denn Sie sind mit diesem „Theater" in Resonanz gegangen.

Sie haben sich diese Situation förmlich angezogen und herbei gedacht. Nie im Leben wollten Sie das! Sie wollten eine ruhige, harmonische Stunde. Und das glaube ich Ihnen, denn genau so erging es mir auch. Was also können Sie machen, um nicht mit solch einer negativen Situation in Resonanz zu gehen? Und was können Sie tun, um angenehme Situationen in Ihr Leben zu ziehen?

Denn:

- ...wäre es nicht viel besser, eine Resonanz zu sympathischen Eigenschaften und Menschen herzustellen?

- ...wäre unsere Arbeit nicht viel schöner, wenn wir mit dem Fleiß, der Begeisterung und der Freude der Kinder in Resonanz gehen könnten?

- ...oder wenn wir uns mit den Schülern an einem Erfolgserlebnis erfreuen könnten, ohne dabei an die fehlenden Leistungen zu denken?

Wäre das nicht schön???

Die Kraft Ihrer Gedanken

> Ihre Gedanken sind die Ursache von allem. Alles andere, was sie in dieser Welt sehen und erleben ist Auswirkung; dies gilt auch für ihre Gefühle. Der Ursprung sind immer ihre Gedanken.
> (Rhonda Byrne)

Jetzt stellen Sie es sich einmal vor: Ihre Gedanken haben eine Frequenz. Sie senden diese besagte magnetische Energie bei jedem Ihrer Gedanken aus! Leider wissen das die wenigsten Menschen und können demzufolge auch nicht wissen, auf welcher Wellenlänge sie momentan ihre Wünsche senden. Denn alle Gedanken sind automatisch Wünsche. Auch negative Gedanken werden vom Universum/Unterbewusstsein als Wünsche empfunden. Ihre Gedanken bedeuten in jedem Fall: Ich wünsche mir mehr davon. Das ist ein simpler Mechanismus, eine Gesetzmäßigkeit. Und deshalb werden alle Wünsche erfüllt!

Das heißt für uns: Ich denke an etwas und sende diese bestimmte Frequenz aus, folglich *ziehe* ich *an*, was mit dem ausgesendeten Gedanken in Resonanz geht. Und je häufiger, intensiver und emotionaler ich diesen Gedanken habe, desto stärker wirkt seine An*ziehung*!

Sie denken an schwierige Kinder.
= Ich wünsche mir mehr davon!
Sie denken an unsinnigen Papierkram.
= Ich wünsche mir mehr davon!
Sie denken an Versammlungen oder Seminare.
= Ich wünsche mir mehr davon!
Das funktioniert in allen Lebensbereichen:

Sie denken an ihre Schulden.
= Ich wünsche mir mehr davon!
Sie denken an Krankheit.
= Ich wünsche mir mehr davon!
Sie denken an Streit.
= Ich wünsche mir mehr davon!

Diese Anziehung funktioniert aber auch anders herum. Und das ebenso perfekt.

Sie denken an eine harmonische Arbeitssituation.
= Ich wünsche mir mehr davon!
Sie denken an einen angenehmen Stundenplan.
= Ich wünsche mir mehr davon!
Sie denken an lernbegeisterte Schüler
= Ich wünsche mir mehr davon!
Sie denken an Glück und Freude.
= Ich wünsche mir mehr davon!
Sie denken an Reichtum und Fülle.
= Ich wünsche mir mehr davon!
Sie denken an Gesundheit.
= Ich wünsche mir mehr davon!

Wir ziehen also das an, woran wir denken. Es gibt demnach keinen *Zufall*. Denn alles, was wir aussenden, *fällt* auf uns *zu*rück. Es *fällt* uns *zu*. Wir selbst ziehen mit unseren Gedanken die scheinbaren *Zufälle* in unser Leben.

> Ein Mensch dem Sprichwort Glauben schenkt:
> ´s kommt stets anders, als man denkt –
> bis er dann die Erfahrung macht:
> genauso kam´s, wie er gedacht.
> (Eugen Roth)

Kennen Sie solche Geschichten?

Es erscheint manchmal recht unverständlich, dass sich die eine Pädagogin über Jahre hinweg mit befristeten Arbeitsverträgen durch das Leben schlägt, während eine andere Kollegin frisch vom Studium fest eingestellt und verbeamtet wird. Das klingt ungerecht oder? Aber auch das haben diese beiden Personen selbst in ihr Leben gezogen. Während die erste Lehrerin vielleicht fest davon überzeugt war, ihre wahre Erfüllung liege in einem anderen Beruf, war die zweite innerlich der Überzeugung, dass man nur auf sie gewartet habe und sie deswegen mit Kusshand einstellen werde. Jede dachte an etwas anderes! Und jede bekam ihren Wunsch erfüllt!

So einfach lässt sich eine passende Frequenz ins Universum senden. Sie brauchen lediglich die richtigen Gedanken im Kopf zu haben! Jeder unserer Gedanken kehrt aus dem Universum, ähnlich einem Bumerang, zu uns zurück. Denn unsere Empfangsstation bekommt das zurück, was sie als Sender losgeschickt hat! Ist es da nicht für alle Menschen besser, an positive Situationen und positive Begegnungen zu denken? Oder an positive Ziele und positive Wünsche?

Ebenso erging es mir mit der Arbeit an diesem Buch. Sobald ich damit begann, meine Gedanken verstärkt auf dieses Thema zu lenken, mich dazu entschied, all meine Gedanken und Überlegungen zu einem Buch zusammenzufügen und die ersten Zeilen im Computer geschrieben hatte, bemerkte ich mehr und mehr Dinge, die zu diesem Thema passten. Ich dachte darüber nach und sendete auf dieser Frequenz, folglich zog ich alles damit Zusammenhängende an. Automatisch sprach ich mit den richtigen Personen über bestimmte Abschnitte, meine Kollegen erzählten mir Ihre Begebenheiten und Erlebnisse und ich las die passenden Artikel zur richtigen Zeit.

31

Ich griff zu den entsprechenden Büchern oder ich fand scheinbar zufällig die passenden Zitate. Sie fielen mir beim Schreiben förmlich in die Hände. Alles fügte sich harmonisch ineinander. Eigentlich hätte ich davon nicht überrascht sein dürfen, befasste ich mich doch gerade mit genau diesem Thema, der Anziehung. Nun, ich muss Ihnen sagen, es erstaunt mich immer wieder auf's Neue, wie perfekt die Anziehung funktioniert. Und wie Sie lesen können, hat sie mir sogar dabei geholfen, dieses Buch zu schreiben.

Laut einer Studie hat der Mensch täglich ca. 60.000 Gedanken. Das sind über 40 Gedanken in jeder Minute des Tages! Ihre Gedanken kreisen also den ganzen Tag. Ständig arbeitet Ihr Gehirn und denkt und denkt. Tausende von Gedanken jeden Tag.

Die meisten Menschen denken pausenlos an ihre Zukunft oder an ihre Vergangenheit. Kaum jemand lebt wirklich in der Gegenwart. Denn dies würde bedeuten: Ich lebe den Augenblick und brauche mir überhaupt keine Gedanken zu machen. Ganz so, wie auch kleine Kinder leben. Sie haben häufig noch das Glück, im Augenblick zu leben. Uns Erwachsenen wurde dieses unbeschwerte Dasein längst ausgetrieben.

Deswegen denken wir den ganzen Tag. Und bei vielen dieser Gedanken um Zukunft und Gegenwart sitzen kleine getarnte „Miesmacher" in unserem Kopf. Meist bleiben sie von uns unbemerkt und können so über Jahre hinweg an unseren Gedanken „mitwirken". Das geschieht deshalb unbemerkt, weil es weder gelernt noch gelehrt wird, die eigenen Gedanken zu reflektieren. Hätten wir es von Kindesbeinen an erlernt und getan, wäre uns in der Vergangenheit viel Leid, Schmerz und Krankheit erspart geblieben.

32

Bei der Resonanz geht es jedoch nicht darum, um jeden Preis positive Gedanken zu erzwingen, sondern seine Einstellung zur Umwelt und den Überraschungen des Lebens zu hinterfragen und sich zu entscheiden, wie man damit umgehen möchte. Die Frage ist: Möchte ich mich noch immer über den gestrigen Lärm in der Gruppe/Klasse ärgern oder mich jetzt an der momentanen harmonischen Stimmung um mich herum erfreuen? Zwar besagt der Volksmund: Wir beschönigen die Vergangenheit! Doch leider nehmen wir häufig nicht diese positiv gefärbten Erinnerungen als goldenen Wegweiser in die Zukunft, sondern es wird bedauert, bemitleidet und bewertet.

Aber gerade mit der Kraft *Ihrer* Gedanken, gestalten Sie *Ihre* Zukunft. So funktioniert Anziehung! Auf eine Aktion, also Ihren Gedanken, folgt eine Reaktion! Beachten Sie bitte, dass ausschließlich Ihre Gedanken und nicht etwa die Gedanken der Mitmenschen für Ihre persönliche Zukunft verantwortlich sind. Jeder denkt und gestaltet für sich selbst. Jeder Mensch ist seines Glückes Schmied!

Jetzt stellen Sie sich einmal die ehrliche Frage: „Wie will ich meine Zukunft gestalten?" / „Was will ich anziehen?" oder anders gesagt: „Welche Reaktionen hätte ich gerne?"
Diese Frage ist wohl für die meisten Menschen recht leicht zu beantworten.
„Ich will Gutes anziehen, ganz klar!"
Aber wie mache ich das? Wie kann ich bewusst Gutes in mein Leben ziehen? Und geht das überhaupt so einfach?"
Es geht, es funktioniert sogar ganz prächtig! Beginnen Sie am besten sofort damit, auf Ihre Gedanken zu achten.

Denken Sie Gutes, wird Gutes in Ihr Leben kommen! Seien Sie Ihres Glückes Schmied! Verbringen Sie von nun an täglich einen Teil Ihrer Zeit damit, darüber nachzudenken, was Sie in Ihrem Leben verwirklichen möchten. Was würde Sie glücklich machen? Schaffen Sie sich ein positives Ziel und konzentrieren Sie sich anschließend gedanklich auf die erfolgreiche Erfüllung Ihres Vorhabens. Denken Sie zielorientiert. Sobald sich mögliche Hindernisse oder Zweifel in Ihre Gedanken einschleichen, konzentrieren Sie Ihre Gedanken wieder bewusst auf Ihr Ziel!

> Die Schwingungen der Gedankenkräfte sind die feinsten und folglich die mächtigsten die es gibt.
> (Charles Haanel)

So erschaffen Sie sich Ihre Welt. Nicht nur Ihre eigene Wahrnehmung, sondern auch all die großen und kleinen Ereignisse, Ihr persönliches, soziales Umfeld und Ihre Erfahrungen und Krankheiten haben Sie sich selbst angezogen. Ihr Leben ist ein Spiegelbild, eine Widerspiegelung Ihrer vorherrschenden Gedanken!

Nun werden Sie sicher heftig mit dem Kopf schütteln und mir erklären wollen, dass dem nicht so ist. Wer würde sich schon freiwillig seine Krankheiten anziehen oder die Versetzung oder die schwierigen Schüler oder die finanziellen Nöte oder den undankbaren Partner oder, oder, oder???

Es geschah jedoch nicht, weil Sie sich freiwillig und bewusst dazu entschieden haben, unablässig an diese Krankheit oder den Unfall zu denken. Ihre Anziehung der negativen Ereignisse fand durch Unterlassung statt. Sie haben es schlichtweg unterlassen, auf Ihre Gedanken zu achten.

Sie hatten negative Gedanken und sendeten diese (un-)bewusst aus. Anschließend gingen Ihre negativen Gedanken auf die Suche nach einem ebenso negativen Pendant. Auf dieser Wellenlänge war nur die Anziehung von etwas Schlechtem möglich!

Eine ältere Kollegin hatte aus persönlichen Gründen an eine neue Schule gewechselt. Von der alten Schule sprach sie kaum. Sie hatte nur wenige gute Erinnerungen daran und sie erhoffte sich in der neuen Schule ein besseres Arbeiten und eine gerechtere Arbeitsverteilung. Doch auch in der neuen Schule kam sie nicht wirklich an.

Die Kollegin war in ihrem Inneren fest davon überzeugt, dass immer sie die schwierigsten Schüler und die größten Klassen bekomme. Ständig hatte sie das Gefühl, ihre Arbeit wäre zu viel für sie. Sie war sehr unzufrieden, arbeitete jedoch trotzdem fleißig und gewissenhaft weiter. Das Schlimme war: Ihre Gedanken sendeten pausenlos auf den ablehnenden und negativen Frequenzen. Sie wollte natürlich keine Krankheit anlocken, sie achtete nur nicht genügend auf ihre Gedanken und oft suhlte sie sich im Selbstmitleid. Ihr meist gesagter Satz war: „Ich habe die Nase so voll!"

Mit der Zeit wurden Ihre Kräfte merklich weniger. Häufig fühlte sie sich schwach und überfordert, wodurch Ihr die Schüler noch schwieriger und die Rahmenbedingungen noch ungünstiger vorkamen. Weitere negative Gedanken folgten. Sie konnte sich nicht mehr an einzelnen, zauberhaften Schülern oder an wundervollen Dingen in ihrem Privatleben erfreuen. Sie hatte von ALLEM gründlich die Nase voll.

Und um dies zu verdeutlichen, bekam sie erst einen chronischen Schnupfen und schließlich eine schmerzhafte Nasennebenhöhlenentzündung mit Stirnhöhlenvereiterung. Ihre Nase war nun, im wahrsten Sinne des Wortes, gründlich VOLL.

Es folgten eine komplizierte Operation und ein langwieriger Heilungsprozess, doch noch immer ist die Kollegin nicht in der Lage, von ihren ungünstigen Gedanken abzuweichen. Sie wartet stattdessen verbittert auf ihre Pensionierung. Aber was folgt dann? Wünschen wir ihr an dieser Stelle statt „Guter Besserung" lieber „bessere Gedanken und wieder reichlich Freude in ihrem Leben", denn dann wird sich eine Verbesserung ganz von selbst einstellen.

Sehen Sie hierbei den Zusammenhang? Ungewollt wurde die Krankheit mit vielen negativen Gedanken angezogen.

Ich kenne hierzu einen weiteren Fall, allerdings mit häufigem Husten, Bronchitis und daraus folgenden langen Arbeitsausfällen. Der Kollege dachte über die Anweisungen seines Vorgesetzten: Dir werde ich was husten! Auch er hat bisher weder einen Versetzungsantrag gestellt, noch sich mit der Ursache seiner Krankheit auseinandergesetzt. Hoffen wir für ihn, dass sich kein Asthma einstellt, denn die Auswirkungen von dauerhaftem negativen Denken führen zu einer Abwärtsspirale und somit zu immer größeren Problemen und zum Teil schweren Krankheitsverläufen.

Beide zogen ungewollt negative Dinge in ihr Leben, weil sie das Gesetz der Anziehung nicht kannten. Sie achteten bisher nicht oder nur ungenügend auf ihre Gedanken. Denn erst zu dem Zeitpunkt, an dem das Leben mächtig in Schieflage gerät, fragen sich die meisten Menschen, was sie wohl verändern sollten. Horchen Sie schon jetzt in sich hinein! Ihr momentanes Leben spiegelt Ihre bisherigen Gedanken wieder. Sind Sie damit zufrieden??? Entscheiden Sie selbst, ob Ihr Leben genauso weitergehen soll. Wenn ja, herzlichen Glückwunsch zu Freude, Glück und Zufriedenheit. Wenn nicht, erschaffen Sie sich Ihr weiteres Leben, so wie Sie es haben möchten!

Ändern Sie Ihre Sicht auf die Dinge, verändern Sie Ihre Gedanken und lassen Sie sich von dem Ergebnis verzaubern. Wenn es Ihnen leichter fällt, verwenden Sie eine Metapher. Denken Sie an die wundervoll leuchtenden Farben eines Regenbogens. Manchmal muss der nasse Regen fallen, denn nur durch den Regen können wir schließlich so etwas Wunderschönes sehen wie einen Regenbogen. Er entsteht, wenn Sie Ihre negative Sicht auf den Regen ändern, sich drehen und deshalb die Sonne von hinten durch Sie hindurch scheinen kann.

Auch wenn Ihr Kopf (Bewusstsein) noch zweifelt, Ihr Bauch (Unterbewusstsein) hat sich schon für ein erfüllteres und glücklicheres Leben entschieden, denn Sie halten gerade jetzt dieses Buch in Ihren Händen und Sie haben es bis hierher gelesen. Die Anziehung hat Sie, ob bewusst oder unbewusst, zu diesem Buch geführt. Vielleicht war es einer Ihrer guten Gedanken.

Laut der genannten Studie sind von den besagten 60.000 Gedanken lediglich 3% positive Gedanken, die Ihnen und anderen helfen oder nützen. Immerhin 72% sind völlig unbedeutend, also eine reine Verschwendung von Zeit und Energie. Und ganze 25% der Gedanken sollen von destruktivem Charakter sein. Mit diesen Gedanken schaden Sie sich oder anderen.

Halten Sie einen Moment inne und greifen Sie nach Ihren Gedanken. Was denken Sie gerade? Wenn es stimmt, dass Ihre Gedanken Ihr Leben formen, würden Sie dann wollen, dass Ihre augenblicklichen Gedanken Wirklichkeit werden? Wenn es ein Gedanke der Unruhe, des Ärgers, des Verletztseins, der Rache oder der Angst ist, wie würde dieser Gedanke – Ihrer Meinung nach – dann wieder zu Ihnen zurückkommen?

> *Es ist nicht immer einfach, Gedanken zu greifen, weil sie sich rasch bewegen. Wir können jedoch genau jetzt anfangen, das, was wir sagen, zu beobachten und anzuhören. Wenn Sie hören, dass Sie negative Worte irgendeiner Art benutzen, hören Sie mitten im Satz auf.*
> *(Louise L. Hay in „Gesundheit für Körper und Seele")*

Die Resonanz beinhaltet sowohl Gedanken als auch Taten. Denken wir für uns positiv, tun jedoch anderen etwas Schlechtes, kommt auch dieses Schlechte zu uns zurück! Um das zu verdeutlichen, lässt sich der weit verbreitete Spruch „Wie du mir – so ich dir!" umdrehen und plötzlich erfahren wir seine volle Wahrheit:
„Wie ich dir – so du mir!"

Diese Wahrheit kennen wir bereits von dem alten Sprichwort „Wie man in den Wald hineinruft, so schallt es heraus." Gleiches steht in der Bibel: „Alles nun, das ihr wollet, dass euch die Leute tun sollen, das tut Ihr ihnen auch." (Matthäus 7/12)
Im Sport ist dieses Wissen als Goldene Regel verbreitet: „Was du nicht willst, das man dir tu´, dass füg´ auch keinem anderen zu!" Und Immanuel Kant formulierte seinen kategorischen Imperativ wie folgt: „Handle nur nach derjenigen Maxime, durch die du zugleich wollen kannst, dass sie ein allgemeines Gesetz werde."

Wir alle kennen solche Sprüche, wir haben sie häufig gehört, doch wie oft ist es uns im täglichen Leben nicht möglich, uns darauf zu besinnen und (auf) die kleine Stimme in unserem Herzen zu hören? Wir sind kopflastig geworden und froh, wenn unser Gewissen den Mund hält. Wenn Sie fortan auf Ihre innere Stimme achten, wird sich Ihr weiteres Leben bedeutsam verändern!

Denn denken wir negativ über einen Menschen und behandeln ihn schlecht, wird derjenige schließlich ebenso negativ über uns denken und uns ebenso schlecht behandeln. Und all unsere schlechten Wünsche werden auf uns selbst zurückgeworfen bzw. sie werden wieder von uns angezogen. Wir schaden uns mit jedem negativen Gedanken und jedem negativen Wunsch! Wir schaden immer uns selbst!!!

Dies ist auch der Grund, weshalb von Metaphysikern unserer Zeit die Rückkehr zu einer moralischen Gesundheit gefordert wird. Althergebrachten Tugenden wie der Wahrheitsliebe, der Rücksichtnahme, der Güte oder der Friedfertigkeit sollten wir wieder mehr Aufmerksamkeit schenken und diese in unser alltägliches Leben integrieren.

Besonders uns Pädagogen ist es möglich, solche Tugenden an die nächste Generation weiterzugeben. So gesundet unser Umfeld automatisch mit uns! Und solange wir positive Frequenzen senden, können wir keine negativen Dinge anziehen. Es funktioniert einfach nicht!

> Was einmal gedacht wurde,
> kann nicht mehr zurückgenommen werden.
> (Friedrich Dürrenmatt)

Gedankenfallen

> Das größte Problem
> – eigentlich sogar das einzige -,
> mit dem wir uns herumschlagen müssen,
> ist die Wahl der richtigen Gedanken.
> (Dale Carnegie)

Bereits in der Heiligen Schrift wird darauf hingewiesen, wie wichtig die Qualität unserer Gedanken ist. „Mein Sohn, höre mir zu, achte auf meine Worte! Präge sie dir gut ein, damit du sie in Herz und Sinn behältst und nie verlierst. Jeden, der sie befolgt, erhalten sie bei Leben und Gesundheit. Mehr als auf alles andere achte auf deine Gedanken, denn sie bestimmen dein Leben." (Sprichwörter 4 - Hilfe zum Leben)

Und ob Sie es wahrhaben wollen oder nicht, unsere Gedanken sind unser wichtigstes Werkzeug. Doch wir haben es nicht erlernt, damit umzugehen. Wir können unser wichtigstes Werkzeug nicht nutzen. Stattdessen versuchen wir, mit einer Feile einen Baum zu fällen und wundern uns über den mäßigen Erfolg. Schlimmer noch, wir feilen häufig an der falschen Seite des Baumes und sind empört, wenn er uns entgegen fällt und mit lauten „Kawumm" unser gewohntes Leben zerstört.

Für die Mehrheit der Menschen bilden deshalb unbekannte „Gedankenfallen" so einige Stolpersteine.
Im folgenden Kapitel werden wir gemeinsam versuchen, diese aufzuspüren und, wenn Sie mögen, Ihre persönlichen Gedanken in eine andere, liebevollere und freudigere Richtung zu lenken.

a) Die selbsterfüllende Prophezeiung

> Ich setze das Gute in jedem Menschen voraus.
> (Papst Johannes XXIII)

Die sich selbst erfüllende Prophezeiung ist ein Phänomen, welches in der Psychologie schon seit dem Jahr 1948 als *self-fulfilling prophecy* bekannt ist und auf Robert K. Merton zurückzuführen ist.

Sie bedeutet, dass unsere Vorhersage davon ausgeht, dass gemäß unserer Prophezeiung genau das eintrifft, was wir (unbewusst) erwarten! Erwarten wir also in einer bestimmten Situation etwas Negatives, wie beispielsweise einen Parkplatz suchen zu müssen, wird für uns mit ziemlicher Sicherheit kein Parkplatz zur Verfügung stehen. Die Prophezeiung hat sich erfüllt!

Häufig folgen auf solche Ereignisse entsprechende Sätze wie: „Das hab ich ja gleich gesagt!" / „Ich bin eben ein Pechvogel!" / „Das war mir sowieso klar!" oder: „Das hab ich schon von Anfang an gewusst!" Damit machen wir unsere negativen Gedanken auch noch öffentlich und bezeugen unsere negative Erwartungshaltung. Was soll da schon Positives auf uns zukommen?

Und es wird noch schlimmer. Jeder Mensch ist in der Lage, diese negative Erwartungshaltung auf seine Mitmenschen zu lenken und somit die erwarteten negativen Verhaltensweisen bei diesen Personen zu fördern, ja geradezu heraufzubeschwören. Egal, ob bei unseren Partnern, Kollegen oder Kindern.

*****

41

Uns Pädagogen bietet sich hier eine großartige Ansatz-
möglichkeit für eine neue, zuversichtliche Erwartungshaltung.
In die selbsterfüllende Prophezeiung fallen nämlich auch
solch seltsame Gedankenverbindungen (Vorurteile genannt)
wie bei:

- Namensgleichheiten mit Ihnen bekannten und
  ungeliebten Schülern

„Schon wieder ein Justin, der bürgt für Qualität!"
oder bei:

- Geschwisterbeziehungen

„Du bist genauso zappelig wie dein Bruder! Das sind die
schlechten Gene."
„Typisch Einzelkind, die sind immer total verzogen."

Wie Sie sehen, läuft es hier wieder darauf hinaus, wie bzw.
was Sie denken.
Wenn Sie in Ihren Gedanken eine ungünstige Erwartung
haben, wird sich diese negative Erwartungshaltung – also Ihre
Prophezeiung - erfüllen!

In die selbsterfüllende Prophezeiung fallen demzufolge auch
die positiven Vorurteile wie bei:

- Namensgleichheiten mit Ihnen bekannten und
  geliebten Schülern

„Wieder ein Linus, wenigstens ein Sonnenschein!"
oder bei:

- Geschwisterbeziehungen

„Deine Schwester hatte ja auch immer nur Einsen! Das sind
die guten Gene."
„Typisch Einzelkind, da merkt man eben, dass sich die Eltern
Zeit für das Kind nehmen."

Wenn wir also eine positive Erwartungshaltung haben, wird
dieses positive Ergebnis mit ziemlicher Sicherheit eintreten.

So erging es auch jenen Lehrern in einem Experiment, in dem man der einen Gruppe von Lehrern sagte, sie bekämen eine sehr intelligente und aufgeweckte Klasse, während man den anderen Lehrern sagte, sie bekämen eine eher mittelmäßige Klasse, bei der sie nicht allzu große Leistungen erwarten sollten. Tatsächlich aber gab man den Lehrern völlig normale Klassen, wie sie in jeder Schule zu finden sind. Das Ergebnis war umwerfend. Die Leistungen derjenigen Klassen, bei denen die Lehrer glaubten, es handle sich um sehr gute Schüler, lagen nach etlichen Monaten über dem Durchschnitt, während die Leistungen derjenigen Schüler, von denen die Lehrer sich nichts erhofften, unter dem Durchschnitt lagen. Auch hier ist des Rätsels Lösung: Diejenigen Lehrer, die glaubten, sie hätten intelligente Schüler, verhielten sich anders gegenüber den Schülern, als diejenigen Lehrer, die glaubten, ihre Schüler seien nur mittelmäßig. Die Lehrer der vermeintlich intelligenten Schüler förderten diese mehr und hatten mehr Geduld mit ihnen. Die Lehrer der vermeintlich nur mittelmäßigen Schüler gaben sich keine so große Mühe.
(Dr. Rolf Merkle „Selbsterfüllende Prophezeiungen – was es damit auf sich hat")

Dieses scheinbar unglaubliche Experiment wurde bereits 1968 von Robert Rosenthal an US-amerikanischen Grundschulen durchgeführt. Das Ergebnis besagt, dass ganze 45% der als intelligent ausgewählten Kinder ihren IQ um 20 oder mehr Punkte steigern konnten und 20% konnten ihn sogar um 30 oder mehr Punkte steigern. Lediglich durch eine positive Erwartungshaltung der Lehrkraft!!!
Dieses sagenhafte Experiment kann für jeden Pädagogen, überall auf der Welt, nur bedeuten, dass wir eine gesteigerte Verantwortung im Umgang mit den Kindern und unseren Gedanken über sie haben!

Bedenken Sie, was bei einem Kind angerichtet wird, dem man ständig ein: „Du bist böse!" ins Unterbewusstsein eintrichtert. Systematisch wird so die kleine Kinderseele demontiert und von ihrer Unzulänglichkeit in Kenntnis gesetzt. Schon bald ist der Punkt erreicht, an dem das Unterbewusstsein diese Botschaft als wahr annimmt und in auffälligem Verhalten widerspiegelt. Die Katastrophe ist komplett.

Das Kind glaubt: „Ich bin sowieso böse", schließlich haben das die allwissenden Erwachsenen gesagt. Warum sich also positiv verhalten? Dann hätten die Erwachsenen und das Unterbewusstsein unrecht, und Letzteres ist schlichtweg unmöglich! Solange das Unterbewusstsein von diesem: „Ich bin böse." überzeugt ist, wird sich das Kind auch dementsprechend verhalten.

Versuchen Sie in Zukunft möglichst positiv über die Kinder, die Schüler, die Elternschaft, die Vorgesetzten, die Kollegen, die Familienmitglieder oder Freunde zu denken! - Und ihnen diese positiven Gedanken auch zu vermitteln. Jeder Mensch braucht Zuspruch. Menschen sind gewissermaßen Herdentiere und häufig emotional von der Meinung der Herdenmitglieder abhängig.

Gehen Sie demnächst am besten mit der Erwartung an Ihre Gruppe/Klasse heran, dass es eine traumhafte Herde mit ausschließlich lobenswerten Kindern ist. Bei jedem Einzelnen wird sich etwas Lobenswertes finden lassen.
Trauen wir in Zukunft allen Schülern etwas zu und fördern wir jeden von ihnen bestmöglich. Nutzen wir endlich, nach über 4o Jahren, die positiven Ergebnisse dieser Studie und arbeiten wir mit der „selbsterfüllenden Prophezeiung" als positiven Verstärker.

Affirmationen:
- Ich sehe in jedem Menschen seine positiven Eigenschaften.
- Ich bin überzeugt davon, dass meine Schüler ihre Leistungen steigern können.
- Ich vertraue darauf, dass alle Menschen gut (zu mir) sind.

b) Die Sorge

> Ein glückliches Leben besteht in erster Linie
> aus Freiheit von Sorgen.
> (Marcus Tullius Cicero)

Mit dem Verlust des religiösen Glaubens ist es für die Menschheit immer schwerer geworden, zu vertrauen. Für viele Menschen ist kein liebender Gott mehr da, der auf sie achtet und ihnen hilfreich zur Seite steht. Doch wer „Nichts und Niemanden" hat, auf den er vertrauen kann, der macht sich Sorgen. Ohne festen Glauben ist es für die Menschen der westlichen Welt oftmals eine Welt, in der sie davon ausgehen, dass sie keiner Seele mehr trauen können.

Mit dieser Einstellung keimt und wächst schließlich die Sorge. Sie frisst sich schonungslos in die Herzen der Menschen und lässt diese besorgt in den neuen Tag starten und abends mit sorgenvoller Miene einschlafen.
Doch wenn Sie sich sorgen, senden Sie eine fatale, negative Gedankenfrequenz! Das sollten Sie vermeiden, denn dieses besorgniserregende Ereignis möchten Sie ja auf keinen Fall in Ihrem Leben haben. Und mit einem Mal wird Ihre Sorge plötzlich real.

Verdeutlicht wird das in Sätzen wie:
„Man bekommt immer genau das, was man am wenigsten will!" / „Man erhält immer das, was man am dringendsten zu vermeiden sucht!"

Auch dazu finden wir Hinweise in der Heiligen Schrift:
„Denn was ich gefürchtet habe, das ist über mich gekommen, und wovor mir graute, das hat mich getroffen." (Hiob 3/25)

Die Sätze zeigen es: Wenn ich etwas ablehne, mir sogar massive Sorgen deswegen mache, sende ich meine besorgten Gedanken permanent in diese Richtung. Am Ende bekomme ich, was ich auf keinen Fall erleben oder haben will. Meine Sorge/mein gesendeter Wunsch erfüllt sich.

Wenn nur wenig Gottvertrauen in Ihnen vorhanden ist, so rückerinnern Sie sich an Ihr Urvertrauen. Als Kinder wurden wir mit ausreichend Vertrauen ausgestattet, sodass wir voller Neugier und Lebenslust in die Welt schreiten konnten. Wir vertrauten auf ausreichend Nahrung, Schutz und Liebe. Holen Sie sich Ihr Grundvertrauen zurück.
Schauen Sie zuversichtlich in die Zukunft!
Sie brauchen sich keine unnötigen Sorgen zu machen! Allein durch unsere Sorgen wurde manche Tragödie erst hervorgerufen.

Man kann es lernen, sich keine Sorgen mehr zu machen. Dazu muss man zuerst begreifen, dass man Energie in alles steckt, worauf man seine Aufmerksamkeit konzentriert. Deshalb gehen umso mehr Dinge schief, je mehr Sorgen man sich macht! Die Gewohnheit, sich Sorgen zu machen, ist so fest verwurzelt, dass man sich bewusst umtrainieren muss. Wann immer Sie sich dabei ertappen, dass Sorgen hochkommen (bitten Sie Menschen, die Ihnen nahe stehen,

*darum, Sie darauf hinzuweisen, wenn es wieder losgeht),
halten Sie inne und denken an etwas anderes. Richten Sie
Ihren Geist produktiv auf das, was nach Ihrem Willen
geschehen soll, anstatt auf das, was geschehen könnte.
Richten Sie Ihren Blick auf das, was in Ihrem Leben bereits
wundervoll ist. Dann werden Ihnen auch mehr wundervolle
Dinge begegnen.
(Karen Kingston in „FENG SHUI gegen das Gerümpel des
Alltags")*

Lassen Sie die Gedanken an Ihre kleinen und großen Sorgen
sein und geben Sie Ihr Leben wieder vertrauensvoll in die
Hände einer höheren Macht. Nennen Sie diese Schutzengel,
Geistführer, Gott, Instinkt, Unterbewusstsein oder
Universum... Suchen Sie sich den Namen aus, der Ihnen ein
gutes Gefühl gibt, sodass Sie bedingungslos auf denjenigen
oder dasjenige vertrauen können und sorgenfrei durch Ihr
Leben gehen können. Oder, wenn Ihnen diese Möglichkeit
momentan eher weiter hilft, sehen Sie im Literaturverzeichnis
nach und besorgen Sie sich das Buch von Dale Carnegie
„Sorge Dich nicht – Lebe!"

Wichtig ist auch hier: Senden Sie Ihre Gedanken in die
Richtung Ihres Zieles und bleiben Sie nicht an Sorgen und
Nöten hängen. Denken Sie positiv! Machen Sie positive
Gedanken zu Ihrer neuen Gewohnheit.
Nicht umsonst nannte der preußische König Friedrich der
Große (Der Alte Fritz) sein Sommerschloss in der Nähe
Berlins, im wunderschönen Potsdam, „Sans Souci". Übersetzt
aus dem französischen bedeutet es: „Ohne Sorge". Das
Schloss war für ihn der Ort, an dem er seine Sorgen hinter
sich lassen konnte, um sich zu erholen. Hier konnte er seine
Gedanken in Ruhe sammeln und sich an neuen Eindrücken
erfreuen.

Wenn Sie die Gelegenheit haben, nutzen Sie Ihre freie Zeit und reisen an diesen romantischen, sorgenfreien Ort und entspannen Sie sich.
Nicht zuletzt das besondere Flair und die wirklich schönen Bauten überzeugten auch die UNESCO, Sanssouci mitsamt Gebäuden und Parkanlage im Jahr 1990 zum Weltkulturerbe zu ernennen.

Sollten Sie allerdings das Gefühl haben, dass Sie diese Ruhe gerade nicht ertragen können, weil sich nämlich in dieser entspannten Leerlaufzeit Ihre Gedanken umso mehr um Ihre Sorgen drehen, lenken Sie sich sinnvoll und positiv ab. Arbeiten Sie daran, Ihr Ziel zu erreichen oder wohltätig zu sein, beschäftigen Sie sich mit schönen Dingen oder schauen Sie bei den Wohlfühlfaktoren nach (Kapitel: Ihr persönliches Wohlgefühl) und suchen Sie sich eine Ablenkung aus, die Ihnen Ihr Leben angenehm macht und ein wohliges Gefühl bei Ihnen hinterlässt! Überlegen Sie sich, worauf Sie gerade Lust haben und tun Sie dies!

James Mursell, Pädagogikprofessor an der Lehrerhochschule in Columbia, drückte das sehr gut aus, als er sagte: „Sorgen und Ängste überfallen uns am heftigsten nach der Arbeit und nicht, wenn wir beschäftigt sind. Dann kann die Phantasie Amoklaufen und sich alle möglichen lächerlichen Dinge ausmalen und die unbedeutenden Kleinigkeiten ins Riesenhafte vergrößern. In solchen Momenten ist der Geist wie ein Motor, der keine Last zu befördern hat. Er arbeitet wie wild und kann sich unter Umständen aus seiner Befestigung losreißen oder sogar zerspringen. In seiner Arbeit aufzugehen und etwas Positives zu tun, ist das beste Mittel gegen Sorgen und Angst."
Dale Carnegie in „Sorge Dich nicht – Lebe!")

*****

Eine schöne Möglichkeit, sich den Kindern zum Thema „Sorgen" zu nähern, ist die Verwendung von Sorgenpuppen oder Sorgenfressern. Das können kleine Püppchen oder niedlich aussehende Monster sein, die bei Bedarf die Sorgen der Kinder in sich aufnehmen oder wegfressen. Wollen Sie die Puppen oder Sorgenfresser selbst basteln, finden Sie Bastelanregungen oder fertige Angebote im Internet.

Ich persönlich habe außerdem gute Erfahrungen damit gemacht, die Sorgen des Kindes in ein Schraubglas, eine Schachtel oder Dose abzulegen. Das bietet sich gerade für Kinder an, die ihre Sorgen nicht so leicht aufgeben können wie beispielsweise familiäre Probleme. Bei dieser Variante können wir ihnen die Gedanken vermitteln, dass ihre Sorgen außerhalb von ihnen gut aufgehoben sind und sie jederzeit wieder darauf zurückgreifen können. Das wirkte sich bei meiner Arbeit immer sehr befreiend auf die Kinder aus.

Alternativ können Sie die Sorgen der Kinder in einen Luftballon pusten lassen, verknoten und aufbewahren, sodass die Kinder im Verlauf der Zeit (einige Tage oder Wochen) dabei zusehen können, wie die Luftballons schrumpfen und so ihre Sorgen immer kleiner werden und sich schließlich in Luft auflösen.

Affirmationen:
- Ich bin auf der Sonnenseite des Lebens und lasse es mir gut gehen.
- Das Leben wird mir jederzeit das zur Verfügung stellen, was ich gerade benötige.
- Ich erfreue mich an der Gegenwart und vertraue in die Zukunft.

c) Die Anti-Haltung

> Wogegen du deinen Widerstand richtest,
> dem schaffst du Bestand.
> (C.G. Jung)

Im Laufe der Jahre ist es populär geworden, *dagegen* zu sein. Die Menschen sagen: „Ich bin gegen dieses!" oder: „Ich bin gegen jenes!" Egal was es ist, dagegen zu sein, ist förmlich „in".

Selbst im Radio laufen Titel mit dieser Aussage („Ich bin dagegen, denn ihr seid dafür" Die Ärzte) und auch in den Nachrichten über Anti-Demos werden wir mit dieser ungesunden und schwer verdaulichen Geisteshaltung überflutet.

Dazu kommen Konzerte wie „Rock *gegen* Rechts", Slogans wie *„Gegen* Gewalt" und *gut gemeinte* Präventionsprojekte, welche unter dem Deckmantel der Aufklärung in den Massenmedien und bei pädagogischen Weiterbildungen verbreitet werden. Leider ist *gut gemeint* hierbei ein besonders ungesunder und gefährlicher Verstärker der abgelehnten Sache. Ungesund und gefährlich deshalb, weil so von dem was wir eigentlich erreichen wollen, genau das Gegenteil erreicht wird. Alle Negativitäten werden mit dieser *gut gemeinten* Antihaltung immer weiter verstärkt.

Das große Problem hierbei ist, dass wir unsere Gedanken mit dieser Anti-Haltung in eine völlig falsche Richtung lenken. Wir senden unsere Gedanken genau auf der Frequenz des Ungewollten und denken ständig an das, was wir überhaupt nicht in unserem Leben haben wollen.

Deshalb ist es alarmierend zu sehen, wie viele gutgläubige Menschen sich an unwissentlich falsch ausgerichteten Massendemonstrationen beteiligen. Die Veranstalter dieser Demos müssen von dem Gesetz der Resonanz in Kenntnis gesetzt werden! Nur so sind sie in der Lage, auf der Frequenz des angestrebten Zieles zu senden. Wie sagt der Volksmund: „Unwissenheit schützt vor Strafe nicht".

Schon die heilige Mutter Teresa sagte: "Sie werden mich nie auf einer ANTI - Kriegsdemo sehen, laden Sie mich zu einer Friedensdemo ein und ich komme gerne." Diese wahrhaft weise Frau wusste um das Gesetz der Anziehung. Sie wollte und konnte es vermeiden, ihre Gedanken in eine negative Richtung zu lenken.

Denn was wurde mit den zahlreichen Anti-Kriegs-Demonstrationen auf der ganzen Welt erreicht? Die Gedanken der Bevölkerung richteten sich immer wieder hin zum „Krieg". Die Menschen sendeten ungewollt die negative Frequenz: „Ich wünsche mir mehr davon!" Und wie viele furchtbare Kriege wurden in den letzten Jahrzehnten von den Politikern angezettelt?

Veranstalten wir Demonstrationen *gegen* etwas, werden wir dieses für uns Ablehnungswürdige gerade durch die Demonstrationen dagegen vermehrt in unser Leben ziehen. Und das nur aus einem Grund: weil sich unsere Gedanken pausenlos um das nicht gewollte Thema drehen. Das Fatale daran ist, dass der Plan von einer besseren Situation oder einem besseren Leben lediglich durch pure Unwissenheit der Beteiligten in das Umgekehrte verdreht wird. Umgekehrt und verstärkt durch die immensen Auswirkungen eines Kollektivbewusstseins, weil bei solchen Massenaufläufen alle Beteiligten gleichzeitig auf derselben Frequenz senden.

Und genau hier bietet sich eine der großartigsten Möglichkeit für uns. Wir können *für* etwas sein. Nicht umsonst lautet der Slogan eines großen Hilfswerkes: „Brot *für* die Welt!" Wir hatten mehr als genug Kriege, rufen wir Veranstaltungen ins Leben für Frieden, Toleranz und Völkerverständigung! Wenn Sie in Ihrer Schule gegen eine Erhöhung der Klassenstärken sind, plädieren Sie für die Erhaltung der bisherigen Klassengrößen. Wenn Sie in Ihrer Einrichtung gegen den bestehenden Betreuungsschlüssel sind, machen Sie sich stark für einen besseren.

Versuchen Sie, den gut gemeinten negativen Gedanken umzuformulieren und senden Sie eine positive Frequenz ins Universum. Genau dieser Gedankenwandel ist ein zweiter wichtiger Schritt in Ihr neues Leben. Aus diesem Grund ist die Reflektion unserer Gedanken so wichtig, denn dadurch finden wir heraus, in welche Richtung wir unsere Gedanken tatsächlich lenken und was wir aktuell damit anziehen. Denken Sie also in Zukunft *für* etwas!!!
Es ist ganz einfach! Und Sie können wirklich großartige Dinge erreichen, indem Sie für etwas sind und mit Ihren guten Gedanken auch die gewünschten Dinge anziehen.

*****

Nutzen Sie das Kollektivbewusstsein Ihrer Klasse als positiven Verstärker. So können Sie mit den Kindern beispielsweise Unterschriftensammlungen oder Aktionen für ein bestimmtes Thema veranstalten oder mit ihnen an geplanten Friedensdemonstrationen teilnehmen.
Besprechen Sie zuvor gemeinsam mit den Kinder die Wichtigkeit der richtigen Formulierung. Überlegen Sie anschließend für welches Projekt sie sich als Gruppe/Klasse einsetzen wollen.

Alle zusammen können positive Wünsche für etwas aufmalen oder aufschreiben und damit beispielsweise Plakate oder Wandzeitungen gestalten.

Affirmationen:

- Ich vertraue darauf, dass ich ab jetzt - durch meine positiven Gedanken - ausschließlich positive Dinge in mein Leben ziehen werde!
- Ich nutze meine kreative Energie, indem ich mich bewusst für interessante Projekte einsetze.
- Ich lenke von nun an meinen Gedanken bewusst in eine positive Richtung und suche mir Dinge für die ich mich einsetzen kann.

d) Die Verneinung

> Die meisten Menschen denken an das,
> was sie nicht wollen, und wundern sich,
> warum es ihnen wieder und wieder begegnet.
> (John Assaraf)

„Gegen" etwas zu sein ist eine Art der Einstellung. Eine weitere Gedankenfalle ist die Konzentration auf etwas, das *nicht* gewollt wird. Ein Großteil aller Menschen auf der Welt weiß heutzutage genau, was sie nicht wollen. Was sie auf gar keinen Fall wollen!
„Ich will diese Stunde *nicht* unterrichten."
„Ich will diese Weiterbildung *nicht* besuchen."
„Ich will *nicht* an dieser Klassenfahrt teilnehmen."
Doch wissen diese Menschen auch, was sie wollen?
Bei der Verneinung verhält es sich ebenso wie bei der Anti-Haltung.

Sie senden Ihre Gedanken permanent auf der Wellenlänge von dem, was Sie nicht wollen! Und genau das Ungewollte ziehen Sie an.

Um Ihnen dies zu verdeutlichen, können wir jetzt ein einfaches Experiment durchführen. Ich schreibe Ihnen im folgenden Satz, woran Sie nicht, auf keinen Fall, denken dürfen.
- Denken Sie jetzt *nicht* an eine Kuh!
Und was ist passiert? Woran haben Sie gedacht? Zufall?
Dann lassen Sie es uns erneut versuchen:
- Denken Sie jetzt *auf keinen Fall* an einen Regenschirm!

Sehen Sie den Zusammenhang? Sofort erscheint das Bild in Ihrem Kopf und Ihre Gedanken beschäftigen sich mit dem Thema. Ebenso ergeht es dem Universum, wenn wir Gedanken mit der Formulierung „nicht, kein, ohne" denken.

Das Universum kennt keine Verneinung, es legt nicht so viel Wert auf Sprache, wie wir Menschen. Es zählt lediglich die ausgesendete Frequenz, die zur Anziehung benötigt wird. Wenn Sie also denken/sagen: „Um Himmels Willen, bloß nicht diese Klasse!", ist die Frequenz eindeutig „diese Klasse"! Das Universum registriert die Frequenz Ihres Gedankens und schickt Ihnen das zu, was Sie sich mit diesem Gedanken angezogen haben. Bitteschön, wie bestellt! Hier ist die gewünschte Klasse!

Ihre Unwissenheit um das Gesetz der Resonanz kann Ihnen ungewollte, sogar fatale Dinge in Ihr Leben ziehen:
- Sie bekommen genau diese Stunde.
- Sie müssen diese Weiterbildung besuchen.
- Sie müssen an der Klassenfahrt teilnehmen,

...denn Sie haben durch Ihre Ablehnung pausenlos an diese Dinge gedacht. Und nun hat sich das Universum freundlich überlegt, wenn Sie so oft daran denken, muss es für Sie besonders wichtig sein. Ein Herzenswunsch sozusagen. Und schon bekommen Sie Ihren Wunsch erfüllt. Doch haben Sie keine Sorge, auch hier bietet sich uns eine ganz wundervolle Möglichkeit, unsere Gedanken umzupolen. Wir können beständig an das denken, was wir *gerne* möchten!

Überlegen Sie sich genau, was Sie gern machen oder haben möchten und denken Sie demnächst daran. Jedes Mal, wenn sich negative Gedanken in Ihren Kopf einschleichen, denken Sie an Ihre guten Wünsche/Ziele, die möchten Sie schließlich anziehen und in Ihrem Leben begrüßen.

- Wenn Sie diese Stunde nicht unterrichten möchten, überlegen Sie sich, welche Stunde Sie gern unterrichten möchten.
- Wenn Sie diese Weiterbildung nicht besuchen möchten, überlegen Sie sich, welche Weiterbildung Sie gern besuchen möchten.
- Wenn Sie nicht an dieser Klassenfahrt teilnehmen möchten, überlegen Sie sich, an welcher (Klassen-) Fahrt Sie gern teilnehmen möchten.

Spüren Sie den Unterschied? Sind das nicht viel angenehmere Gedanken? Sie senden jetzt auf einer positiven Frequenz. Sie haben ein Ziel und Sie ziehen wie ein Magnet das Ziel zu sich heran.

Besonders wichtig ist diese Gedankenfalle auch für die Singles unter uns Pädagogen. Denn fragen wir diese, wie ihr zukünftiger Partner sein soll, welche inneren Werte wichtig und erwünscht sind, bekommen wir häufig sehr unkonkrete Antworten. Man weiß es nicht. Was aber nahezu alle genau wissen, ist, wie der Partner auf keinen Fall zu sein hat.

Sie wissen exakt, wie er nicht sein soll und ziehen aus diesem Grund immer wieder den Falschen an. Das Schlimme dabei: Ihnen fehlt das befriedigende Erlebnis einer Partnerschaft, es fehlen Geborgenheit, Vertrauen und Trost. Alles Dinge, die bei der Verarbeitung von (beruflichem) Stress und negativen Erlebnissen von großem Nutzen sind.

Denken oder sagen Sie niemals von sich: „Das kann ich *nicht*!" oder: „Das liegt mir *nicht*!" Ihr Unterbewusstsein wird es als Befehl auffassen und alles Erdenkliche tun, dass Sie diese Sache wirklich nicht können. Wenn Sie beispielsweise fest daran glauben und sich sicher sind, dass Sie nicht mit technischen Geräten umgehen können, werden Sie tatsächlich keinen Zugang dazu bekommen. Die Technik wird für Sie - ganz wie von Ihnen bestellt - ein Buch mit sieben Siegeln bleiben.

Jetzt halten Sie bitte bewusst mit dem Lesen inne und horchen Sie in sich hinein.
Was denken Sie über sich?
Was denken Sie, das Sie nicht können?
Wofür halten Sie sich?

Überlegen Sie für einige Minuten, welche Grundeinstellungen Sie bei sich erkennen und welche der Gedankenmuster sich in Ihrem alltäglichen Leben widerspiegeln.
Wollen Sie das beibehalten?
Oder wollen Sie lieber voller Zuversicht und Selbstvertrauen in ein neues Leben starten?
Welche Gedanken müssen Sie hierfür aufgeben und durch positive ersetzen?

Denken Sie wieder daran, was Sie gerne möchten. Mehr bedarf es meist nicht. Nur ein wenig Achtsamkeit auf unsere Gedanken und schon spielt uns die Anziehung das in die Hände, worum wir gebeten haben.

Wie oft habe ich (noch unwissend) zu meinem kleinen Sohn gesagt:
„Pass auf, dass du nicht kleckerst!"
„Vergiss deine Jacke nicht!"
Und was passierte? Es kam, wie es kommen musste, weil es so von mir bzw. uns angezogen wurde. Denn auch die Gedanken meines Sohnes lenkte ich durch solche Sätze in die falsche Richtung. Viele verkleckerte Pullis und vergessene Jacken später erfuhr ich von der Resonanz und seitdem heißt es bei uns zuhause und bei meinen Schülern: „Trinkt bitte vorsichtig!" und: „Denkt an eure Jacken!"

*****

Ebenso verhält es sich mit den beliebten Gruppen-/ Klassenregeln und Hausordnungen, die in vielen Kindertagesstätten und Schulen plakativ mitteilen, was alles nicht erwünscht ist! Bemerken Sie etwas?
Ich persönlich bin weder gegen Klassenregeln noch gegen eine Hausordnung, doch mit dem Wissen um die Resonanz, sollten wir auch dort die Dinge so formulieren, wie wir sie gerne haben möchten! Aus dem Satz: „Wir wollen nicht streiten!" kann ein harmonisches: „Wir wollen uns vertragen!" werden.

Vor einer Weile kam ich in das Klassenzimmer einer zweiten Klasse und las auf einem Plakat die Klassenregel: „Wir wollen uns nicht prügeln." Und nun raten Sie einmal, wie sich das Pausenverhalten der Kinder darstellte?

Die Jungen spielten „Star Wars", konnten sich nicht auf Teams einigen und bekämpften sich quer durch den Raum mit imaginären Lichtschwertern, und hauten mit Fäusten um sich. Selbst die Mädchen äußerten sich lautstark und manche kämpften mit Händen und Füßen mit den Jungen um die Wette. Alles nur ein Zufall?

Zur Verdeutlichung des Themas können Sie dieses schöne Beispiel mit der Kuh, einem Regenschirm, einem Auto ... mit den Kindern durchführen.

Auch die immer größere Beliebtheit von Sitzungen eines Klassenrates sollte dringend auf diese Weise betrachtet werden. Nur die Aufzählung von Schlechtem und was alles **nicht** gefällt, hilft niemandem weiter. Bauen Sie deshalb in diese Sitzungen unbedingt Lobrunden, positives Feedback und Verbesserungsvorschläge ein.

Nutzen Sie die Situation und fragen Sie die Kinder, was diese sich wünschen und was sie zu diesem oder jenem Thema gern einmal machen würden. Lassen Sie Stichpunkte malen/aufschreiben: „Ich würde gerne einmal ..." und in eine farbenfrohe Gruppen-/Klassenbox werfen. Anschließend können Sie diese Box für spätere Überlegungen und Wünsche der Kinder im Raum belassen. So haben Sie immer die Möglichkeit, auf besondere Wünsche der Kinder einzugehen und sie zum Lernen zu begeistern.

Affirmationen:
- Ich verrichte alle Tätigkeiten gerne und mit einem Lächeln im Gesicht.
- Ich weiß, dass positive Veränderungen in meinem Leben positive Gedanken voraussetzen.
- Ich schaue zuversichtlich in mein Leben und überlege mir bewusst was ich möchte.

e) Das kollektive Jammern

Oder: „Das Lehrerzimmer als Jammertal"

> Wer LEICHTer leben will,
> darf sich nicht über jede Kleinigkeit beSCHWEREn.
> (Ernst Ferstl)

Ich habe einmal im Radio das Statement: „Wir Deutsche jammern auf hohem Niveau." gehört. Dieser Satz hat mich berührt. Ja, er gab mir zu denken. Wir haben doch Glück. Wir sind ein Volk, welches seit über 70 Jahren in Frieden lebt. Wir haben reichlich Nahrung und kaum Naturkatastrophen. Wir leben in einem Land mit Meeren und Bergen.

Wir haben die Fähigkeiten und das Wissen, Dinge zu verändern und diese Veränderungen auch zu bewirken. Fährt man in unserem Land die Autobahn entlang, ist man umgeben von teuren Wagen und Statussymbolen, welche an finanziellen Problemen zweifeln lassen. Was also wollen wir, warum gehört das „Jammern" scheinbar zum guten Ton?

Denn wie bei der Anti-Haltung und bei der Verneinung scheint es ebenso „in" zu sein, etwas zum Jammern zu haben. Überall wird gejammert. Gejammert und sich beklagt: über verhaltensauffällige Kinder, über zunehmende Bürokratie, über ungünstige Lehrpläne, über schlechte Stundenpläne, über zu viele Umsetzungen, über ungünstige Grundbedingungen, über zu wenig Personal, über zu große Klassen, über zu große Gruppen, über, über, über ...

Im Notfall wird über das Wetter gejammert. Dann ist es zu sonnig, zu regnerisch, zu kalt ...
Aber das Jammern hilft uns nicht weiter.

Es vermiest uns nicht nur die Stimmung, sondern viel entscheidender, es schadet uns und unserem Umfeld nachhaltig. All diese negativen Gedanken schaden uns. Uns persönlich und allen anderen. Besonders, wenn sie wie in diesem Fall im kollektiven Bewusstsein ausgesendet werden. Auch wenn wir mit dem Gejammer unserer Mitmenschen sympathisieren, gehen wir mit deren Gedanken in Resonanz und senden die gleiche jammerige Wellenlänge. Schon ziehen wir ebenso bejammernswerte Dinge in unser Leben. Keine schöne Vorstellung.

In diesen negativen Momenten im Erzieher- oder Lehrerzimmer denken viele Menschen gleich negativ und senden die gleiche negative Frequenz aus. Eine Massenwahrnehmung findet statt. Und wie wir aus dem Physikunterricht wissen, entsteht dadurch eine unheilvolle Frequenzverstärkung. Mit dieser kollektiven (meist unbewussten) Anziehung lassen sich leider viele der kleineren und größeren Katastrophen in der Menschheitsgeschichte erklären.
Da es bedeutet:
Ich denke daran. = Ich sende diese Frequenz aus.
Viele denken daran. = Viele senden diese Frequenz aus.

Folglich ziehen wir gemeinsam erheblich mehr von den unerwünschten Situationen an, weil wir gemeinsam mit den Gedanken in Resonanz gegangen sind. Für das Universum bedeutet das: Wir alle hätten gerne mehr, worüber wir jammern können. Fazit: Wir machen durch unser Gejammer die Situation noch schlimmer!

Ich weiß von einer wundervollen kleinen Schule in der eine motivierte, engagierte Kollegin eines Tages mit der Diagnose „Burnout" auf unbestimmte Zeit krankgeschrieben wurde.

Das mache ihre Lehrerkollegen sehr betroffen, und so sprachen sie darüber. Zusätzlich fielen natürlich viele Vertretungsstunden an. Auch darüber sprachen/jammerten die Kollegen. Das Thema „Burnout" zog langsam in die tägliche Gedankenwelt der verbliebenen Kolleginnen ein. Es dauerte nicht lange und die zweite Kollegin wurde auf unbestimmte Zeit mit der viel beredeten Diagnose „Burnout" krankgeschrieben. Es wurde noch schwieriger für die restlichen Kolleginnen, sich mit freudigen Gedanken zu beschäftigen, hatten sie doch nun noch mehr kräfte- und nervenzehrende Vertretungsstunden abzuleisten und noch häufiger das ungesunde Thema „Burnout" auf dem Lehrerzimmergesprächsplan. Und natürlich dachten die Kolleginnen inzwischen auch in ihrer immer weniger werdenden Freizeit an die Kranken. So begann ein Teufelskreis. Es war keine drei Monate später, als weitere drei Kolleginnen wegen Krankheit ausfielen. Eine davon wieder mit der Diagnose „Burnout", die beiden anderen mit deutlichen Anzeichen von Erschöpfung und Stress. Dieser katastrophale Krankenstand bei einer Schule mit regulär nur 16 Lehrern! Eine dramatische Situation!

Und keine zwei Monate später kam der nächste Krankenzettel auf unbefristete Zeit; wieder „Burnout". Das erzeugte selbstredend weitere Überstunden und Mehrarbeit bei den Lehrerinnen, die bereits seit Wochen und Monaten deutlich überlastet waren und die eigentlich eine baldige Entlastung verdient hätten.

Wenn ich nicht genau wüsste, wie schlimm die Auswirkungen durch die Resonanz sind, könnte man glatt mitjammern und die betroffenen Schüler, Lehrer und Kranken zutiefst bedauern! Schließlich kämpfen sie sich wortwörtlich durch ihren Schulalltag. Aber mitjammern würde die Situation keinesfalls verbessern. Kennen auch Sie solche Fälle?

Denn leider ist dies kein Einzelfall! Und es zeigt uns deutlich, wie die negativen Jammer-Gedanken im Massenbewusstsein als Verstärker funktionieren.

Doch niemand will das! Hierbei ist es schlichtweg das Nicht-wissen um das Gesetz der Resonanz, was uns in unserem Selbstmitleid suhlen lässt und möglichst viele Gleichgesinnte sucht. Frei nach dem Motto: Wer hat es wohl am SCHLECHTESTEN?

Suchen wir uns ab sofort lieber Mitstreiter für das Positive. Nutzen wir unser Kollektivbewusstsein, indem wir uns an schönen Situationen erfreuen und diese per Resonanz vermehrt in unser Leben ziehen. Getreu einem neuen Motto: Wer hat es wohl am SCHÖNSTEN?

So ist es für mich immer wieder erstaunlich, wie irritiert manche Menschen reagieren, wenn man auf ihre einfache Frage: „Wie geht es dir?" mit einem lächelnden: „Gut, alles ist prima!" antwortet. Sie kennen scheinbar keine positiven Antworten mehr. Die breite Masse befasst sich gedanklich mit mehr oder weniger schwerwiegenden Problemen und demzufolge antworten diese Menschen gewöhnlich mit einem entnervten: „Hör bloß auf!", „Ach, alles Mist!" oder mit dem berühmten Galgenhumor: „Schlechten Leuten geht's immer gut!" Einige Mitmenschen erwarten unbewusst bereits eine negative Antwort. Werden diese mit einem positiven Satz konfrontiert, werden sie völlig aus ihrem Konzept geworfen. Andersherum ist es übrigens ähnlich. Es zeigt sich in dem dumpfen Gefühl, das einen beschleicht, wenn jemand vor einem steht, den man auf keinen Fall fragen möchte, wie es ihm geht.

Denn aus Erfahrungen weiß man, dass bei der Person auf diese Frage eine endlose Antwort - aus unnützer Negativität und Jammerei - folgen wird.

Achten Sie bewusst darauf, mit wem und worüber Sie reden. Wenn Sie sich auf positive Unterhaltungen einschwingen, werden Sie erleben, dass mehr und mehr negative Situationen aus Ihrem Leben verschwinden. Sie haben keine Resonanz mehr dazu. Ebenso werden Sie erleben, dass mehr und mehr positive Situationen in Ihr Leben gezogen werden, gerade weil Sie bewusst die Resonanz hierzu aufbauen, einfach indem Sie an solche Situationen denken und davon sprechen.

> Je weniger jemand jammert,
> desto mehr hat er begriffen!
> (Rüdiger Dahlke)

Jammern Sie möglichst nie wieder! Vermeiden Sie konsequent solche destruktiven Gespräche. Denken Sie immer daran, was nach dem Jammern kommt, wird nur noch schlimmer. Ich habe mir inzwischen angewöhnt, höflich aber bestimmt die Gespräche mit solchen Leuten abzulehnen. Lässt sich dies unter keinen Umständen vermeiden, so achte ich auf meine Gedanken und Gefühle und versuche, nicht auf der gleichen unharmonischen Wellenlänge mitzuschwingen. Hilfreich finde ich es, vor mich hinzudenken: „Ich sehe das anders!" und bei besonderes unzufriedenen Menschen sage ich leise vor mich hin: „Friede sei mir dir!" Probieren Sie sich aus und finden Ihren eigenen hilfreichen Satz für solche Situationen.

Dabei schaue ich in eine positive Richtung, formuliere mein Wunschziel und denke, wie eingangs erwähnt, zielorientiert. Wir können und sollten auf diese Art und Weise per Anziehung auch die verjammerten Erzieher- und Lehrerzimmer energetisch umgestalten, in kleine Oasen der Freude und der Erholung.

So können wir endlich die Aufenthalte in diesen Räumen nutzen, um neue Kraft zu tanken und um uns an schönen Dingen des Lebens zu erfreuen.

*****

Schwierig wird es, wenn wir mit unseren jammerigen Gedanken die uns anvertrauten Kinder beeinflussen. Kleine Kinder nehmen diese Botschaften ungefiltert auf, sie können noch nicht selektieren. Für sie ist alles was wir sagen wahr und ihr Unterbewusstsein wird sofort mit diesen negativen Schwingungen konfrontiert. Sie haben keinen Schutz vor diesen destruktiven Gedanken. So kam einmal ein trauriger Schüler zu mir und erzählte, dass seine Lehrerin jammerte: „Wenn ich dein Diktat korrigieren muss, sitze ich ja wieder den ganzen Nachmittag!"

Wir sollten versuchen, den Kindern einen Blick für das Schöne zu vermitteln. Nicht umsonst lautet eine alte Weisheit, den schwangeren Frauen zum Wohle ihrer ungeborenen Babys nur schöne Dinge nahezubringen und sie mit angenehmen Unterhaltungen zu erfreuen.

Affirmationen:
- Ich werde mir der Fülle und der Liebe bewusst, von der ich umgeben bin.
- Ich bin rundum glücklich und lasse meine Mitmenschen daran teilhaben.
- Ich erfreue mich und meine Mitmenschen mit positiven Gedanken und Gesprächen.

f) Gedanken, die Sie krank machen

> Der wohl eindeutigste Beweis für die Wirksamkeit optimistischen Denkens auf das körperliche Befinden und das Leben im Allgemeinen, ist der Placebo Effekt.
> (Dr. Rolf Merkle)

Wie schon erwähnt, ist es möglich, dass gerade der eigene Körper von Ihnen unbewusst durch massiv ablehnende, negative Gedanken und Überlegungen geschädigt wird. Doch die Wenigsten wissen dies. Dabei zeugen unzählige Volksweisheiten von diesem Wissen. Sätze wie: „Da läuft einem die Galle über." oder: „Das finde ich echt zum Brechen." sind deutliche Anzeichen dafür.

Trotzdem sind täglich die Arztpraxen unseres Landes voll mit kränkelnden und kranken Menschen. Menschen, denen es schlecht geht, und die viel lieber gesund wären. Im Normalfall behandelt der Mediziner dann ihre Krankheitssymptome und die Arbeitsfähigkeit ist (erst einmal) wieder hergestellt.

Aber diese Krankheiten haben Ursachen. Und die Ursachen sind keinesfalls so medizinisch, wie mancher Arzt es Sie glauben machen will. Inzwischen hat sich selbst bei den eingefleischten Schulmedizinern der Begriff *psychosomatisch* durchgesetzt. So lautet die Diagnose, wenn der Arzt trotz Pillen und Pülverchen nicht weiterkommt und scheinbare Behandlungserfolge ausbleiben. Er hat erkannt, dass die Psyche/Seele des Menschen erkrankt ist.

Es gibt tausend verschiedene Diagnosen und Krankheiten. Sie sind nur das schwächste Glied. Sie alle sind Resultate einer Ursache, die Folge von Stress.

Wenn Sie genug Spannung auf eine Kette legen und einen Organismus mit genügend Anspannung belasten, wird eines der Glieder brechen.
(Dr. Ben Johnson in „The Secret")

Zu diesem Thema gibt es bereits einige wunderbare Bücher (siehe Literaturverzeichnis). Deshalb möchte ich nur auf einige häufige Symptome bei Pädagogen eingehen.

Krankheit	beinhaltet das Gefühl von:
Alkoholismus	Sinnlosigkeit, „Was soll das Alles?"
Allergien	Ablehnung, „Gegen wen/was sind Sie allergisch?"
Augen-probleme	Wegsehen wollen, „Was wollen Sie nicht sehen?"
Beinprobleme	Zukunftsangst „Wieso wollen Sie nicht weiter gehen?
Blasen-probleme	Ängstlichkeit „Woran halten Sie fest?"
Blähungen	Unverdautheit „Was muss von Ihnen verdaut werden?"
Bluthochdruck	ungelösten emotionalen Problemen „Was müssen Sie hinter sich lassen?"
Bronchitis	entzündeter Umgebung „Wer streitet/schreit in Ihrem Umfeld?"
Brustprobleme	Überfürsorglichkeit „Wen bemuttern Sie übermäßig?"
Chronisches Leiden	Unsicherheit/Verunsicherung „Warum wollen Sie sich nicht ändern?"

Chronisches Leiden	Unsicherheit/Verunsicherung „Warum wollen Sie sich nicht ändern?"
Diabetes	Kummer „Welche Süße des Lebens gestehen Sie sich nicht zu?"
Durchfall	Entgleisung/Ablehnung „Was lehnen Sie ab?"
Erkältung	Verwirrung „Welche Gedanken müssen Sie unbedingt ordnen?"
Ermüdung	Langeweile „Lieben Sie das, was Sie tun?"
Fett	Überempfindlichkeit „Wovor schützen/verstecken Sie sich?"
Fußprobleme	Entmutigung „Wie kann es nicht weitergehen?"
Grippe	Massennegativität „Von welcher Gruppenmeinung lassen Sie sich beeinflussen?"
Halsprobleme	Geschlucktem Zorn „Wieso sprechen Sie nicht für sich selbst?
Herzinfarkt	Freudlosigkeit „Wieso verzichten Sie auf Ihre Freude?"
Heuschnupfen	emotionaler Stauung „Wovon fühlen Sie sich verfolgt?"
Ischias	Scheinheiligkeit „Haben Sie Angst um Ihr Geld oder vor Ihrer Zukunft?"
Kehlkopf-entzündung	Groll gegen Autoritäten „Was wollen Sie nicht aussprechen?"
Kopf-schmerzen	Kritiksucht an sich selbst „Wieso invalidisieren Sie sich?"
Krebs	emotionalen Problemen/Verlust „Was nagt an Ihnen?"

Magen-probleme	großer Angst/Ärger „Was können Sie nicht verarbeiten?"
Mundgeruch	übler Nachrede „Sprechen Sie schlecht über andere?"
Nacken-probleme	Sturheit „Lassen Sie andere Sichtweisen zu?"
Nebenhöhlen-probleme	Gereiztheit „Welche Person reizt Sie und wieso?"
Nerven-zusammen-bruch	Egozentrik „Wieso versperren Sie Ihre Kommunikationswege"
Nervosität	Furchtsamkeit „Wieso haben Sie kein Vertrauen?"
Ohrensausen	Verbohrtheit „Wieso weigern Sie sich (auf Ihre innere Stimme) zu lauschen?"
Ohren-schmerzen	Wut „Was können Sie nicht mehr hören?"
Parodontose	Unentschlossenheit „Welche Entscheidungen wollen Sie nicht treffen?"
Rheuma	Groll „Fühlen Sie sich schikaniert?"
Rücken-probleme	Schuldgefühle „Was müssen Sie alles (er-)tragen?"
Schlaflosigkeit	Angst „Wieso/worauf vertrauen Sie nicht?"
Süchte allg.	Suche „Laufen Sie weg?" / „Was suchen Sie?"
Verstauchung	Zorn und Widerstand „Wieso möchten Sie nicht in eine bestimmte Richtung gehen?"
Verstopfung	Nicht loslassen können „Wovon wollen Sie sich nicht trennen?"

Wenn Sie momentan eine der beschriebenen Krankheiten haben oder die Symptome in sich verspüren, sollten Sie dringend nach der geistigen Ursache hierfür suchen. Ich möchte Ihnen nicht raten, sofort Ihre schulmedizinische Behandlung abzubrechen! Doch hinterfragen Sie unbedingt die Ursachen Ihres Leidens und arbeiten Sie parallel an Ihren destruktiven Gedankengängen und Glaubensgrundsätzen.

Fragen Sie sich ehrlich:
Was möchte ich nicht wahrhaben und unterdrücke es?
Welche negativen Gedanken habe ich in der Vergangenheit unablässig in das Universum geschickt?
Was steht mit meinem körperlichen Befinden im Zusammenhang?

Als Hilfsmittel können Sie sich die jeweils in der Tabelle genannte Frage stellen. Machen Sie sich klar, welche Gedanken bei Ihnen dieses Krankheitsbild hervorgerufen haben könnten und vermeiden Sie solche Gedanken in Zukunft. Sollten sich erneut destruktive Gedanken bei Ihnen einschleichen, negieren Sie diese und greifen Sie auf Ihre Wohlfühlfaktoren zurück (siehe Kapitel „Ihr persönliches Wohlgefühl").

Ich kenne einen männlichen Kollegen aus der Erwachsenenbildung, welcher seit Jahren dem Alkohol verfallen war. Als starker Trinker war er nicht mehr in der Lage, zu arbeiten. Sein Weltbild war außerordentlich negativ geprägt. Er verurteile andere Personen und hob sich selbst hervor, da keine andere Person ihn lobte. Sein Privatleben bezeichnete er als Katastrophe. Freude verspürte er kaum noch, nur ein Gefühl von Leere begleitete ihn, welches er regelmäßig mit dem Alkohol betäubte. Sein Verhalten wurde unter dem Alkoholeinfluss zunehmend aggressiver und anmaßender. Doch die bestehende Leere konnte er nicht füllen. So brach sein Leben völlig zusammen und eine Entziehungskur war die letzte Chance.

Dabei hatte er das große Glück, auf wunderbare Therapeuten und Ärzte zu treffen. Bei unseren Gesprächen konnte er sich bald wieder an Kleinigkeiten erfreuen. In seine allzu negativen Gedanken huschte ein Lichtstahl hinein, der sich langsam aber sicher vermehrte. Er konnte allmählich wieder Bücher lesen und entspannte Spaziergänge machen. Dadurch fand er nach und nach zu sich zurück und war in der Lage, an seinen Glaubensgrundsätzen und an seinen Gedanken zu arbeiten.

Nun freue ich mich darüber, dass dieser Kollege inzwischen als „trocken" gilt. Unlängst rief er mich an und teilte mir nach einer ärztlichen Untersuchung mit: „Die Ärzte hätten nicht gedacht, dass ich mich wieder so aufrappeln würde. Auch viele der zerstörten Gehirnfunktionen seien plötzlich wiederhergestellt. Solch einen Fall hätten sie in zwanzig Jahren noch nicht gehabt." Seine abschließenden Worte waren: „Ilka, an deinen positiven Gedanken, da muss einfach was dran sein."

> Eine Selbst-Befreiung von Verdruss
> wird sogar Krebs heilen.
> Wenn wir uns wirklich selbst lieben,
> funktioniert alles in unserem Leben.
> (Louise L. Hay)

Besorgen Sie sich gegebenenfalls passende weiterführende Literatur und nehmen Sie möglichst wenige Medikamente ein. Vielleicht können Sie zukünftig auf die eine oder andere

Schlaftablette verzichten. Und wenn der Schlaf dann auf sich warten lässt, nutzen Sie die Zeit der Schlaflosigkeit lieber, um in sich hineinzuhorchen und um Ihre Gedanken und Glaubensgrundsätze zu überdenken und zu verändern.

Um wirklich zu gesunden, müssen Sie für sich positive neue Gedankenmuster entwickeln. Dazu bietet es sich an, zuversichtliche Gedanken zu formulieren und diese häufig zu wiederholen! Einige Anregungen finden Sie am Ende der einzelnen Abschnitte. Sie können die von mir formulierten Affirmationen nutzen oder diese jeweils auf Ihre persönliche Situation abstimmen und verändern. Wichtig ist hierbei wieder, keine Verneinung zu verwenden! Als besonders hilfreich hat es sich erwiesen, wenn der Körper zuvor entspannt wird und in diesem entspannten Zustand die neuen Affirmationen/Formeln aufgesagt werden. Diese Methode ist u.a. Bestandteil des Autogenen Trainings und nennt sich dort formelhafte Vorsatzbildung. Die Anwender bilden neue Vorsätze für Ihr Leben und prägen diese Ihrem Unterbewusstsein ein. Sobald Ihr Gedankenkarussell wieder mit den alten negativen Gedanken zu kreisen beginnt, wiederholen Sie Ihre neuen positiven Sätze/Affirmationen oder Gebete und glauben Sie fest daran, dass Ihr Heilungsprozess bereits begonnen hat!

Am besten beschäftigen Sie sich vor dem Schlafengehen intensiv mit Ihren neuen angenehmen Gedanken. Wenn möglich, sprechen Sie diese harmonisierenden Sätze vor sich hin, ähnlich eines Gute-Nacht-Gebetes. Noch besser wäre es, wenn Sie das mehrmals nacheinander tun. So können sich Ihre Gedankenmuster anschließend im Schlaf verändern, denn die neuen Gedanken werden beim Übergang in die Schlafphase leichter in Ihr Unterbewusstsein sinken können. Von dort aus wirken sie gesundheitsfördernd auf Ihren Körper, Ihren Geist und Ihre Seele.

Sie können wieder gesund werden – und Sie werden es!
Sie können sich selbst heilen – und Sie werden es!
So können Wunder geschehen – und sie werden es!

*****

Wichtig ist, den Kindern Gedanken der Gesundheit zu vermitteln. „Gesundheit" können wir in vielen speziellen Themen - wie gesunde Ernährung oder witterungsbedingte Kleidung - ansprechen. Auch hier sollte zielorientiert formuliert werden. Wir müssen weg vom allgemein verbreiteten: „Setze deine Mütze auf, nicht dass du noch krank wirst!" hin zum: „Setze deine Mütze auf, dass du schön gesund bleibst!" Weg vom: „Das macht uns krank!" hin zum: „So bleiben wir gesund!"

Wenn Ihre Kinder schon älter sind, können Sie mit ihnen Redewendungen thematisieren. Erkundigen Sie sich einmal, welche auf den Körper bezogenen Redewendungen den Kindern einfallen, welche Bedeutungen dahinterstecken und welche Krankheiten folgen könnten.
Mögliche Aussagen sind:
- Ich habe die Nase voll!
- Ich habe einen dicken Hals!
- Das schlägt mir auf den Magen!
- Dem werde ich was Husten!
- Das finde ich zum Brechen!
- Davon bekomme ich Kopfschmerzen!
- Wenn ich das höre, wird mir schlecht!
- Den/das kann ich nicht mehr sehen/hören/riechen!

Hinterfragen Sie, ob und wann die Kinder solche Sätze gebrauchen. Im Anschluss können Sie versuchen, diese Redewendungen durch bessere zu ersetzen.

Affirmationen:

- Ich glaube fest, dass mein Unterbewusstsein dafür sorgt, dass ich seelisch/geistig/körperlich gesunde.

- Ich befreie mich jetzt von allen destruktiven Gedanken und Zweifeln.

- Ich vertraue darauf, dass die Harmonie in meinem Körper wieder hergestellt wird.

Ihre Gedanken sind Ihre Wünsche

> Alles sollte so einfach
> wie möglich gemacht werden,
> aber nicht einfacher.
> (Albert Einstein)

Wünsche hat wohl jeder. Ich persönlich bin jedenfalls noch niemandem begegnet, der wunschlos glücklich war. Und jetzt soll die Wunscherfüllung plötzlich so einfach sein? Unmöglich glauben Sie?

Nun, es ist mitunter für das Universum tatsächlich etwas schwierig, Ihre Wünsche korrekt zu erfüllen. Das liegt aber keineswegs an der Ungültigkeit der Resonanz, sondern schlichtweg daran, dass wir lernen müssen, Wünsche konkret und korrekt zu formulieren. Ansonsten kann das Universum bei der Wunscherfüllung recht kreative Formen annehmen, die nicht immer in den erwünschten Bahnen verlaufen.

Ihnen geht es momentan ebenso wie Herrn Taschenbier im Buch „Eine Woche voller Samstage" von Paul Maar. In dieser Kindergeschichte muss Herr Taschenbier erst lernen, seine Wünsche an das Sams richtig zu formulieren. Etliche lustige Missgeschicke passierten ihm anfangs, als er des richtigen Wünschens noch nicht mächtig war und mögliche Folgen seiner Wünsche noch nicht überdenken konnte. Im Laufe der Zeit beherrschte Herr Taschenbier das Wünschen schließlich so gut, dass er vom Sams exakt den richtigen Wunsch erfüllt bekam.

Und das können Sie auch erlernen!

Ich kann Ihnen einmal von meinem unschönsten fehlgeleiteten Wunsch berichten:

Ich wünschte mir freie Zeit.
Zu diesem Zeitpunkt hatte ich bereits angefangen, mein erstes Buch „Entspannungsgeschichten für Kinder" fertigzustellen. Neben Kind, Arbeit, Haushalt und dem „restlichen" Alltagsprogramm benötigte ich zusätzliche Zeit, um meine Gedanken niederschreiben zu können.
Ich hätte gern genügend Zeit gehabt, um all diesen Dingen gerecht zu werden! Meine Gedanken drehten sich darum, was ich anstellen konnte, um mir etwas Zeit für dieses oder jenes freizuschaufeln. Immer wieder lenkte ich unbewusst meine Aufmerksamkeit auf den unkonkret formulierten Wunsch.
Und dann wurde mein Wunsch wirklich erfüllt. Ich bekam freie Zeit. Meine befristete Stelle lief aus und wurde nicht verlängert. Die Notwendigkeit dieser Stelle bestand einfach nicht mehr, da aufgrund verminderter Schülerzahlen weniger Klassen benötigt wurden. Nun hatte ich also keine Arbeit, aber die freie Zeit.
Ich wusste noch nichts vom richtigen Wünschen und erkannte den Zusammenhang nicht. Natürlich suchte ich mir eine neue Arbeit, wodurch ich in meinen Augen nur noch weniger Zeit hatte!
Was soll ich sagen. Ich fand eine neue Stelle, auch dieser Wunsch ging prompt in Erfüllung. Doch damit war mein Zeitproblem noch nicht gelöst und deshalb wurde die befristete Stelle erneut nicht verlängert. Sie war einfach nicht mehr nötig. „Bitteschön!", sagte mir das Universum: „Hier hast du deine gewünschte freie Zeit!" Und, glauben Sie, dass ich damit zufrieden war...? :)

Inzwischen habe ich gelernt, meine Wünsche genauer zu formulieren. Hierbei half es mir, auf die nach dem Wunsch folgenden Geschehnisse zu achten und sie mit dem zuvor gesendeten Wunsch in Bezug zu bringen.

Dadurch, dass ich darauf achte, was sich in den Wochen nach dem Wunsch ereignet, kann ich schneller erkennen, was in falschen Bahnen verläuft und welche Gedanken nicht den erwünschten Effekt haben. Denn zum Glück gibt es zwischen Wunsch und Wunscherfüllung eine gewisse Zeitverzögerung. Wie gut! Mein liebstes Sprichwort heißt: Alles kommt zu dem, der warten kann.

Es ist tatsächlich ganz gut, warten zu können und den Wunsch noch einmal genauer zu hinterfragen.
Stellen Sie sich vor, Sie denken kurzfristig an eine Schwangerschaft und schon wären Sie schwanger. Davon abgesehen, dass sich wohl die Wenigsten von Ihnen um die Freude der Zeugung bringen lassen wollen, will man nur wegen eines Gedankens nicht zwangsläufig das Erdachte in sein Leben ziehen. Eine Freundin sagte mir einmal: „3 Monate im Jahr bin ich total scharf darauf, schwanger zu werden – und die restlichen 9 Monate bin ich froh, dass es nicht geklappt hat!"

Die Frage ist, wie Sie denken! Kinderlose Paare werden jetzt Sturm laufen, doch wie häufig hat sich schon bewahrheitet, dass diese Paare unbewusst mit Gedanken der Erfolglosigkeit und des Zweifels an dieses Thema herangingen. Somit war für Sie unterbewusst bereits festgelegt, dass die erhoffte Schwangerschaft auf sich warten lassen würde. Sobald Sie dann Ihre ver*zweifel*te Hoffnung aufgaben, stellte sich das Babyglück plötzlich ein.
Ich kann Ihnen nur den Tipp geben, besonders bei solch schwierigen Situationen auf Ihre Gedankenfallen zu achten!

Ähnlich falsch erging es einer Kollegin. Sie war eine fleißige, gewissenhafte Lehrerin und bemühte sich stets darum, es jedem recht zu machen.

76

Ihr Weltbild war durch schlechte Vorerfahrungen durchweg negativ geprägt. Selten dachte sie an sich und noch seltener dachte sie daran, wie sie ihr Leben positiv beeinflussen konnte. Für sie fühlte sich das Leben schwer und ungerecht an. Eines Tages bat sie bei der Schulleitung um einen freien Tag. Sie musste dringend einen wichtigen Termin wahrnehmen. Schon von vornherein erwartete ihre Grundeinstellung: „Das wird sowieso nichts!" Es kam, wie gedacht. Der freie Tag war nicht möglich.

Verärgert versteifte sich die Kollegin umso mehr darauf, dass sie an diesem Tag nicht arbeiten könne. Ihre Gedanken kreisten darum, wie ungerecht die Welt ist und wie unfair. Sie überlegte, wie sie die Pflicht, an diesem Tag zur Arbeit zu müssen, umgehen könne. Sie wollte diesen Tag auf keinen Fall zur Arbeit erscheinen.

Und ob Sie es glauben oder nicht, die Kollegin brauchte an diesem Tag nicht zu arbeiten. Allerdings konnte sie auch nicht zu ihrem dringenden Termin. Die Kollegin hatte sich zu sehr darauf versteift, an diesem Tag nicht arbeiten zu müssen. Diesen unkonkreten Wunsch erfüllte ihr die Anziehung auf ihre Weise mit einem unvorhersehbaren Krankenhausaufenthalt. Es stellte sich zum Glück heraus, dass es „falscher Alarm" war! Wer weiß, wie sich das Ganze entwickelt hätte, wenn sie sich mehr auf die Einhaltung ihres wichtigen Termins konzentriert hätte.

Formulieren Sie deshalb Ihre Wünsche immer konkret und eindeutig. Schaffen Sie sich möglichst zusätzlich Visualisierungen, indem Sie sich den Wunsch als bereits erfüllt vorstellen. Denken Sie oft an Ihr Ziel und erschaffen Sie sich eine neue glückliche Welt nach Ihren Vorstellungen. Stellen Sie sich dazu Ihr Ziel bildhaft vor und konzentrieren Sie sich vertrauensvoll darauf.

> Wer nicht genug vertraut,
> dem ist man nicht treu.
> (Lao-tse in "Tao-Te-King")

Vertrauen Sie darauf, dass Sie das richtige Wünschen erlernen und vertrauen Sie auf die Allgemeingültigkeit der Resonanz! Diese Naturgesetze sind nicht parteiisch oder persönlich. Nein, sie sind sogar besonders fair und objektiv. Das Resonanzgesetz zieht für jeden Menschen, egal welcher Rasse, Religion oder Einstellung, genau dessen gedachten Wunsch an. Egal, ob derjenige das weiß und bewusst beeinflusst oder nicht. Erinnern Sie sich noch an das Gesetz der Schwerkraft, welches unweigerlich die fallen gelassene Schnitte auf den Boden zieht. Dabei ist es völlig unerheblich, ob ein im Herzen reiner Mensch oder ein Übeltäter die Schnitte fallen lässt.

Wenn Sie das wissen, haben Sie die Möglichkeit, Ihre Wünsche bewusst zu lenken und die Richtung in Ihre Zukunft bewusst auszuwählen. Sie sind nicht länger ein scheinbar fremdgesteuertes Wesen, welches allem Unglück hilflos ausgeliefert ist. Sie haben es selbst in der Hand, welchen Weg Sie für sich wählen, aber *wählen* Sie!

Falls Sie ernüchtert oder erschreckt für sich feststellen müssen, dass viel zu viele negative Gedanken in Ihrem Kopf ihr Unwesen treiben, so haben Sie keine Angst. Machen Sie sich nicht noch mehr unnötige Sorgen. Sie wissen jetzt, dass Sie positiv denken sollten. Wichtig ist: Ihr Umwandlungsprozess hat begonnen. Er wird sich weiter fortsetzten, es gibt kein Zurück mehr. In welchem Zeitraum Sie sich und Ihr Leben nun verändern, das hängt jedoch von Ihren veränderten Gedanken ab.

Wenn Sie lernen, in Zukunft Ihre Gedanken in die für Sie gewünschte positive Richtung zu lenken, werden Sie die für Sie richtigen, positiven Dinge anziehen und der gewünschte Erfolg stellt sich automatisch ein. Ihr ersehntes Ziel rückt in greifbare Nähe! Und wahrscheinlich wird Ihr Ziel von der Wunscherfüllung um Längen übertroffen werden. Es wird wundervoll!

Wenn wir ein frohes Leben wollen, müssen wir frohe Gedanken denken. Wenn wir ein erfolgreiches Leben wollen, müssen wir erfolgreiche Gedanken denken. Wenn wir ein Leben voller Liebe wollen, müssen wir liebende Gedanken denken.

Was immer wir gedacht oder gesprochen vermitteln, wird in ähnlicher Form zu uns zurückkehren.

(Louise L. Hay in „Gesundheit für Körper und Seele")

Ein Wunsch-Märchen

("Aschenputtel" frei nach den Gebrüdern Grimm)

Einem reichen Manne starb seine Frau. Ihr Töchterlein ging jeden Tag hinaus zu dem Grabe der Mutter und weinte. Es blieb fromm und gut. Und als das Frühjahr kam, nahm sich der Mann eine andere Frau.

Die Frau hatte zwei Töchter, die schön und weiß waren von Angesicht, aber garstig und schwarz von Herzen. Da ging eine schlimme Zeit für das arme Stiefkind an. Sie nahmen ihm seine schönen Kleider, zogen ihm einen grauen, alten Kittel an und gaben ihm hölzerne Schuhe. Es musste es von morgens bis abends schwere Arbeit tun, früh vor Tag aufstehen, Wasser tragen, Feuer machen, kochen und waschen. Abends, wenn es sich müde gearbeitet hatte, hatte es kein Bett, sondern musste sich neben dem Herd in die Asche legen. Und weil es darum immer staubig und schmutzig aussah, nannten sie es Aschenputtel.

Es trug sich zu, dass der Vater einmal in die Messe ziehen wollte, da fragte er die beiden Stieftöchter, was er ihnen mitbringen sollte. "Schöne Kleider!", sagte die Eine. "Perlen und Edelsteine!", rief die Zweite. "Aber du, Aschenputtel", sprach er: "Was wünscht du dir?" – "Vater, das erste Reisig, das Euch auf Eurem Heimweg an den Hut stößt, das brecht für mich ab!" Er kaufte für die beiden Stiefschwestern schöne Kleider, Perlen und Edelsteine, und auf dem Rückweg, als er durch einen grünen Busch ritt, streifte ihn ein Haselreis. Da brach er das Reis ab und nahm es mit. Als er nach Haus kam, gab er jeder, was sie sich gewünscht hatte. Aschenputtel dankte ihm, ging zu seiner Mutter Grab, pflanzte das Reisig darauf und weinte, dass die Tränen darauf niederfielen und es begossen. Es wuchs und ward ein schöner Baum. Aschenputtel ging alle Tage darunter, weinte und betete.

Allemal kam ein weißes Vöglein auf den Baum, und wenn es einen Wunsch aussprach, so warf ihm das Vöglein herab, was es sich gewünscht hatte. Es begab sich nun, dass der König ein Fest anstellte, das drei Tage dauern sollte, damit sich sein Sohn eine Braut aussuchen möchte. Die zwei Stiefschwestern hörten, dass sie erscheinen sollten und waren guter Dinge. Sie riefen Aschenputtel und sprachen: "Kämme uns die Haare, bürste uns die Schuhe und mache uns die Schnallen fest, wir gehen zur Hochzeit auf des Königs Schloss." Aschenputtel gehorchte, doch es wünschte sich, auch zu dem Fest zu gehen. Es bat die Stiefmutter, sie möge es ihm erlauben. "Aschenputtel", sprach sie: "Bist voll Staub und Schmutz und willst zur Hochzeit? Du hast keine Kleider und Schuhe und willst tanzen!" Als es mit Bitten anhielt, sprach die Stiefmutter endlich: "Ich habe dir eine Schüssel Linsen in die Asche geschüttet, wenn du die Linsen in zwei Stunden wieder ausgelesen hast, so sollst du mitgehen." Das Mädchen ging durch die Hintertür nach dem Garten und rief: "Ihr zahmen Täubchen, ihr Turteltäubchen, all ihr Vöglein unter dem Himmel, kommt und helft mir lesen, die guten ins Töpfchen, die schlechten ins Kröpfchen." Da kamen zum Küchenfenster zwei weiße Täubchen herein, danach die Turteltäubchen, und bald schwirrten und schwärmten alle Vöglein und ließen sich um die Asche nieder. Sie nickten mit den Köpfchen und lasen alle guten Körner in die Schüssel. Kaum war eine Stunde herum, waren sie fertig. So brachte das Mädchen die Schüssel der Stiefmutter, freute sich und dachte, es dürfte nun mit auf die Hochzeit gehen.

Aber die sprach: "Es hilft dir alles nichts: du kommst nicht mit, denn du hast keine Kleider und kannst nicht tanzen; wir müssten uns deiner schämen." Darauf eilte sie mit ihren zwei stolzen Töchtern fort. Als niemand mehr daheim war, ging Aschenputtel zum Grab seiner Mutter unter den Haselbaum.

Dort rief es: "Bäumchen, rüttle dich und schüttle dich, wirf Gold und Silber über mich."
Da warf ihm der Vogel ein golden und silbern Kleid herunter und mit Seide und Silber bestickte Pantoffeln. Aschenputtel zog es an und ging zum Fest. Seine Schwestern und die Stiefmutter erkannten es nicht.
Der Prinz kam zu ihm, nahm es bei der Hand und tanzte mit ihm. Er wollte sonst mit keiner anderen tanzen. Sie tanzten bis es Abend war, da wollte es nach Hause gehen. Der Prinz aber sprach: "Ich gehe mit und begleite dich", denn er wollte sehen, wo das schöne Mädchen hingehörte. Sie entwischte ihm jedoch und sprang hinaus. Und als die Eltern und die Stiefschwestern nach Hause kamen, lag Aschenputtel da, in seinen schmutzigen Kleidern.
Am andern Tag, als die Eltern und Stiefschwestern wieder fort waren, ging Aschenputtel erneut zu dem Haselbaum und sprach: "Bäumchen, rüttle dich und schüttle dich, wirf Gold und Silber über mich!" Da warf der Vogel ein noch viel schöneres Kleid herab. Und als es mit diesem Kleid auf dem Fest erschien, erstaunte ein jedermann. Der Prinz aber hatte gewartet, bis es kam, nahm es bei der Hand und tanzte allein mit ihm. Doch als es Abend ward, sprang es wieder davon.
Am dritten Tag, als die Eltern und Schwestern fort waren, ging Aschenputtel erneut zu seiner Mutter Grab. Nun warf der Vogel ein Kleid herab, das war noch prächtiger und glänzender, und die Pantoffeln waren ganz golden. Beim Fest tanzte der Prinz wieder nur mit ihm. Als es Zeit war, wollte Aschenputtel fort und der Prinz wollte es begleiten, aber es entsprang ihm, dass er nicht folgen konnte. Der Prinz jedoch hatte eine List gebraucht und die ganze Treppe mit Pech bestreichen lassen: so blieb der linke Pantoffel des Mädchens hängen. Der Prinz hob ihn auf und er war klein und zierlich. Er ging damit zum König und sagte zu ihm: "Keine andere soll meine Braut werden als die, an deren Fuß der Schuh passt."

Auf seiner Suche kam er auch zu Aschenputtels Haus und Aschenputtel beobachtete alles. <u>Es wünschte sich, der Prinz möge sie erkennen.</u> Die älteste Schwester ging mit dem Schuh in die Kammer, doch sie konnte mit der großen Zehe nicht hineinkommen. Das Mädchen hieb die Zehe ab und zwängte den Fuß in den Schuh. Da nahm der Prinz sie als seine Braut und ritt mit ihr fort. Sie mussten aber an dem Grabe vorbei, da saßen die Täubchen auf dem Haselbäumchen und riefen: "Rucke di guh, rucke di guh, Blut ist im Schuh. Der Schuh ist zu klein, die rechte Braut sitzt noch daheim." Da blickte er auf ihren Fuß und sah das Blut. Er wendete sein Pferd, brachte die falsche Braut zurück nach Hause und sagte, das wäre nicht die rechte, die andere Schwester solle den Schuh anziehen. Da ging diese in die Kammer, kam mit den Zehen in den Schuh, doch die Ferse war zu groß. Das Mädchen hieb ein Stück von der Ferse ab und zwängte den Fuß in den Schuh. Da nahm der Prinz sie als seine Braut aufs Pferd und ritt mit ihr fort. Als sie an dem Haselbäumchen vorbeikamen, riefen die Täubchen: "Rucke di guh, rucke di guh, Blut ist im Schuh. Der Schuh ist zu klein, die rechte Braut sitzt noch daheim." Erneut blickte der Prinz nieder auf den Fuß und sah das Blut. Da wendete er sein Pferd und brachte die falsche Braut wieder zurück. "Das ist auch nicht die rechte", sprach er: "habt ihr keine andere Tochter?" – "Nein", sagte der Mann: "nur von meiner verstorbenen Frau ist noch ein kleines Aschenputtel da, das kann unmöglich die Braut sein." Doch der Prinz wollte es durchaus sehen.

So ward Aschenputtel gerufen. Es setzte sich auf einen Schemel, zog den Fuß aus dem schweren Holzschuh und steckte ihn in den Pantoffel. Der war wie angegossen. Und als es sich in die Höhe richtete und der Prinz ihm ins Gesicht sah, erkannte er das schöne Mädchen, und rief: "Das ist die rechte Braut." Die Stiefmutter und die beiden Schwestern erschraken und wurden bleich vor Ärger. Der Prinz aber nahm

Aschenputtel auf sein Pferd und ritt mit ihm fort. Als sie an dem Haselbäumchen vorbeikamen, riefen die Täubchen: "Rucke die guh, rucke di guh, kein Blut ist im Schuh. Der Schuh ist nicht zu klein, die rechte Braut, die führt er heim."

Fällt Ihnen etwas auf? Aschenputtel hatte die ganze Zeit über die beiden Täubchen, welche Ihr Ihre Wünsche erfüllten. Sie standen ihr fortwährend hilfreich zur Seite. Solche Hilfen finden wir in vielen Märchen, mal als gute Fee und mal als Flaschengeist. Wichtig zu bemerken ist auch, dass Aschenputtel nach dem Tod der Mutter und der Hochzeit des Vaters in eine tiefe Krise fällt, an der sie wachsen und sich weiterentwickeln soll. Diese Lehre nimmt sie demütig an und verhält sich gut und liebevoll. Schließlich erfährt sie - im Gegensatz zu den „bösen" Stiefschwestern - als Lohn für ihre Mühen das große Glück, welches in Form des schönen Prinzen am Ende des Märchens auf sie wartet. Ihr Wunsch nach einem besseren Leben geht in Erfüllung.

Oft brauchen wir eine Krise, damit sich eine Tür öffnet und wir die bisherige Lebensweise und das bisherige Bewusstsein verlassen, ohne je dahin zurückzukehren. Wir erleben eine Krise, wenn wir aus alter Lebensweise oder einem alten Muster herausgewachsen sind, aber noch daran festhalten, weil sich dieses Muster vertraut anfühlt und wir uns damit sicher fühlen.
(Kurt Tepperwein in „Die Hohe Schule des Lebens")

Im übertragenen Sinn wird uns im Märchen verdeutlicht, dass unsere tiefsten Wünsche wahr werden, wir müssen nur häufig an sie denken und fest daran glauben. Mithilfe einer Personifizierung fällt uns dieser Wunscherfüllungsgedanke erheblich leichter, sodass für die Märchenform eine Fee, ein Flaschengeist, ein Täubchen oder ähnliches als Wunscherfüllungsgehilfe gewählt wurde. Lesen Sie ein Märchen, unter diesem Aspekt. Sie werden erstaunt sein!

*****

Und genauso können wir unsere Schüler für Märchen begeistern. In einigen Lehrplänen ist Arbeit mit Märchen vorgesehen, doch vielen Kindern sind heute leider nur noch wenige Märchen bekannt. Ihre pädagogisch wertvollen Seiten wurden plötzlich wegen der enthaltenden „Brutalität" weggeredet und die Märchen aus vielen Kinderzimmern verbannt.

Es stellt sich wohl nicht nur für mich die Frage, ob die diversen „Kindersendungen" auf manch einem Kinderkanal nicht erheblich brutaler sind und unsere lieben Kleinen vielleicht von daher ihre Gedanken allzu oft in diese unerwünschte Richtung lenken.

Ich habe es mir ziemlich früh angewöhnt, Filme „Probe zu gucken". Dabei musste ich feststellen, dass bei weitem nicht alle Filme so harmlos sind, wie dargestellt. Wenn man diese allerdings noch nach dem Gesichtspunkt der Resonanz hinterfragt, kommt man ins große Grübeln oder bekommt das kalte Grauen. Märchen sollen zu brutal sein und einige der Harry Potter Filme sind FSK 6? Und die dazugehörigen Bücher nebst Negativbotschaft werden bereits in Lehrbüchern des Deutschunterrichtes angepriesen. Filme und Bücher in denen das Böse eine so beängstigende Rolle spielt. Wollen wir das wirklich für unsere Kinder? Wollen wir tatsächlich, dass sie ihre Gedanken in diese düstere Richtung lenken. Und müssen wir uns dann noch über negative Verhaltensweise der Kinder wundern?

Ist nicht auch das eine Frage der Resonanz?
Starten wir lieber mal (wieder) einen Märchentag oder ein Märchenprojekt und führen wir unsere Schüler durch uralte Märchen an das Prinzip der Anziehung heran, denn in den Märchen siegt immer das Gute und die Wünsche werden wahr!

Ihre Wünsche werden wahr

> Nimm dir Zeit für deine Wünsche,
> sie sind der Weg zum Glück.
> (Monika Minder)

Wie steht es mit Ihnen? Haben sich Ihre Wünsche schon erfüllt? Welche Wünsche hatten Sie als Kind? Und: Was ist aus den Wünschen geworden? Oliver Geissen sagte einmal so treffend in einer seiner Talkshows: „Früher wollten wir alle so werden wie Pippi Langstrumpf, doch geworden sind wir alle wie Tommy und Annika!"
Wollten Sie nicht auch einmal ungezwungen wie eine Pippi Langstrumpf Ihr Leben nach Ihren Regeln leben und sind doch längst in geordneten und meist fremdbestimmten Strukturen gelandet wie Tommy und Annika?

Fragen Sie sich deshalb:
Welche Wünsche schlummern noch in Ihnen?
Was wollten Sie schon immer tun?
Was waren die Träume Ihrer Kindheit?
Erfüllen Sie sich endlich Ihre Wünsche!

Auf der Bühne des wirklichen Lebens gibt es ebensolche Wunscherfüllung wie im Märchen. Hier sind wir selbst unsere mächtigen Wunscherfüllungsgehilfen. Wir können unsere Wünsche mithilfe unserer Gedanken, Worte und Taten erfüllen! Ihre innersten Wünsche müssen keine Träume bleiben. Für viele Menschen auf der Welt ist das Wort „Wunsch" gleichzusetzen mit „Traum" und „Illusion".

Bei diesen Menschen versteckt sich hinter dem Wort „Wunsch" etwas, das immer ein Traum bleiben wird. Für sie steht fest: „Das geht sowieso nicht, das wäre ja zu schön, um wahr zu sein!" Mit dieser Einstellung wird deren Wunsch tatsächlich für immer ein Traum bleiben.

Es gibt auch Menschen für die das Wort „Wunsch" einen Mangel beinhaltet. Einen Mangel deshalb, weil es bedeutet, dass ich etwas nicht habe, es aber unbedingt haben möchte. Sie richten ihre Gedanken ebenso in die negative Richtung und verhindern mit dieser Einstellung, dass ihr Wunsch in Erfüllung geht.

Doch keine Bange. Sollten Sie zu diesen Menschen gehören, brauchen Sie sich nicht unnötig sorgen. Hierfür gibt es Abhilfe: Formulieren Sie Ihren Wunsch als Ziel!

Einem Ziel strebt man entgegen, es beinhaltet keinen Mangel. Ein Ziel kann man erreichen, wenn man etwas dafür tut. Das Ziel lässt sich in einzelne Unterziele einteilen und macht so den bisherigen Erfolg sichtbar. Man ist für das Erreichen eines Zieles auch nicht auf die scheinbare Willkür fremder Personen oder auf „phänomenale Zufälle" angewiesen.

Jeder kann auf das Erreichen seines Zieles hinarbeiten. Und genau das tun Sie bereits. Sie lesen gerade jetzt dieses Buch, und Sie erfahren von den Zusammenhängen zwischen Ihren Gedanken und Ihrem Leben. Glauben Sie mir:

Sie können etwas tun!
Sie können Ihre Gedanken ändern!
Sie können Ihr Ziel erreichen!
Ihre Wünsche werden wahr!!!

*****

Um den Kindern schon frühzeitig beizubringen, wie wichtig Wünsche - also Ziele - für ihr Leben sind, bietet es sich an, mit ihnen über das Thema zu sprechen. Hierbei sind eigene (materielle, familiäre ...) Wünsche für die Zukunft und gute Wünsche für fremde Personen gemeint. Vielleicht schreiben Sie jährlich mit den Kindern deren persönliche Ziele und Wünsche auf und gestalten diese als eine wiederkehrende Portfolioseite.

Ebenso können Sie mit den Kindern besprechen, was man anderen Personen wünschen kann und anschließend mit den Kindern Karten mit guten Wünschen verschicken.

Sie können sich die (Hör-)Bücher vom Sams besorgen und mit den Kindern lesen/hören. Spannend ist es, im Nachgang zu sehen, wie die Kinder über die fehlgeleiteten Wünsche denken, und wie sie diese besser formulieren würden.

Spielen Sie doch anschließend „Was wäre wenn ..." - ich mir etwas wünschen dürfte? Und wie wäre die richtige Formulierung das Wunsches??? Meine Schüler lieben dieses Spiel.

Affirmationen:

- Ich weiß, dass mein momentanes Leben ein Ergebnis meiner bisherigen Gedanken ist.
- Ich lenke meine Gedanken ab sofort in eine positive Richtung und ziehe damit bewusst Gutes in mein Leben.
- Ich glaube fest daran, dass sich meine Wünsche erfüllen.

Achte auf Deine Gedanken

Achte auf Deine Gedanken,
denn sie werden Deine Worte.
Achte auf Deine Worte,
denn sie werden Deine Gefühle.
Achte auf Deine Gefühle,
denn sie werden Dein Verhalten.
Achte auf Deine Verhaltensweisen,
denn sie werden Deine Gewohnheiten.
Achte auf Deine Gewohnheiten,
denn sie werden Dein Charakter.
Achte auf Deinen Charakter,
denn er wird Dein Schicksal.
Achte auf Dein Schicksal,
indem Du jetzt
auf Deine Gedanken achtest.

(Talmud)

Der Talmud ist neben der Tora eines der bedeutendsten Schriftwerke des Judentums .

Ihre Gefühle sind Ihre Wegweiser

> Nur ein glückliches Herz
> vergisst Kummer und Schmerz.
> (unbekannt)

Alle Menschen auf der Welt haben was gemeinsam. Etwas Entscheidendes, denn sie alle ersehnen sich positive Gefühle. Auch das Sehnen ist ein Gefühl, es kommt von der Sehnsucht, der Sucht und somit der Suche nach etwas (scheinbar) nicht vorhandenem. Alle Menschen ersehnen positive Gefühle, empfunden als Glücksgefühl:
Ihr persönliches Glück, das Glück ihrer Familie, das Glück ihres Landes, das Glück ihrer Religionsgemeinschaft ...
Formen von „Glück" gibt es in vielen Variationen.

Für viele Menschen überall auf der ganzen Welt bedeutet Glück: Gesundheit für sich und seine Familie.
Für viele Menschen in Ländern der dritten Welt bedeutet Glück: satt zu essen zu haben.
Für viele Menschen in den verschiedenen Krisengebieten bedeutet Glück: in Frieden leben.
Für viele Menschen unterschiedlichen Glaubens bedeutet Glück: Glaubensfreiheit.
Für viele Menschen in den westlichen Industrienationen bedeutet Glück: finanzieller Reichtum.

Zusätzlich zu diesen gemeinschaftlichen Glücksbedürfnissen hat jeder einzelne Mensch seine ganz persönlichen Glücksfaktoren.

Manch einer ist glücklich, weil er/sie eine/n Liebste/n gefunden hat.

Manch einer ist glücklich, weil er/sie eine befriedigende Arbeitsstelle hat.
Manch einer ist glücklich, weil er/sie eine komplizierte Aufgabe lösen konnte.

Jeder ist anders. Jeder fühlt anders und doch ersehnt jeder sein Glück, weil er hofft, sich dann glücklich zu fühlen. Aber lässt Glück im Außen wirklich glücklich im Inneren werden? Was bedarf es, um glücklich zu sein? Kann man dieses Gefühl tatsächlich nur erleben oder erfühlen, wenn die ersehnten Glücksbedürfnisse befriedigt sind? Und fühlt man sich automatisch glücklich, wenn dem so ist?
(Ein wunderbarer Film zu diesem Thema ist „Das Streben nach Glück" mit Will Smith.)

Sind alle gesunden Menschen automatisch glücklich?
Sind alle satten Menschen automatisch glücklich?
Sind alle reichen Menschen automatisch glücklich?
Sind alle Menschen in Friedenszeiten automatisch glücklich?
Sind alle Menschen mit Glaubensfreiheit automatisch glücklich?
Wohl kaum!!! Was also macht „glücklich sein" aus?

Stellen wir die gleichen Fragen anders herum, können wir erkennen, dass auch nicht alle Menschen, deren Glücksbedürfnisse nicht befriedigt sind, permanent unglücklich sind. Manche dieser in Krieg und Armut lebenden Menschen haben ihre kleinen Freuden. Sie scheinen sich das Gefühl von Glück bewahrt zu haben. Doch wie konnten sie das? Und woher kommt dieses gute Gefühl, wenn im Umfeld kaum Glück zu finden ist? Wo befindet sich der entscheidende Funke hierfür? Kommt das Gefühl etwa aus den Menschen selbst??? Und wenn ja, sind wir in der Lage, es bewusst zu steuern?

Kann man seine Gefühle direkt beeinflussen?
Ja, genau das ist möglich! Wir können unsere Gefühle steuern. Ich weiß, das klingt unglaubwürdig und doch werden einige unter Ihnen hoch erfreut sein und tief im Innersten ein kleines: „Ich hab es doch gewusst!" erlauschen können. Andere fragen sich dafür sicher, wieso es trotz dieser Möglichkeit so schwerwiegende Krankheitsbilder wie Depressionen geben kann? Sie werden erstaunt oder vielleicht verärgert sein, dass dieses Wissen nicht bereits der breiten Masse bekannt ist und an Menschen aller Altersklassen gelehrt wird.

Doch kommen wir zurück zu Ihnen, denn um Sie geht es! Sie beginnen gerade, dieses uralte Wissen der Resonanz kennenzulernen und anzuwenden. Sie wissen inzwischen, dass Sie die Auswirkungen Ihrer Gedanken erfühlen können wie beispielsweise: „Ich fühle mich krank!"

Deshalb fragen Sie sich:
Wie fühle ich mich jetzt, in diesem Moment?
Fühle ich mich großartig??
Bin ich rundum glücklich???
Wenn ja, ist das ganz hervorragend, dann läuft Ihr Leben genau in die richtige Richtung.
Wie das sein kann, wollen Sie wissen. Warum ich das aus der Ferne behaupten kann?

Es ist tatsächlich so einfach, wenn ich weiß, dass unsere Gefühle unsere Wegweiser sind! Unsere Gefühle zeigen uns, wie ein persönlicher Wegweiser, die Richtung unserer bisherigen Gedanken.

Sie sind sozusagen die erste deutlich spürbare Auswirkung unserer Gedanken und weisen uns den Weg in die Richtung, in die uns unsere Gedanken gerade steuern. Wenn Sie bereit sind, dies als wahr zu akzeptieren, erkennen Sie auch, dass es nicht möglich ist, einer fremden Person die Schuld für seine eigenen positiven oder negativen Gefühle zu geben. Fühlen Sie sich also momentan schlecht - dabei ist es völlig egal ob emotional, körperlich oder geistig - haben Sie in der letzten Zeit die falschen Gedanken gehabt, Sie - niemand anderes. Sie fühlen sich schlecht, weil Sie überwiegend negativ gedacht haben.

Und wenn Sie sich, als Auswirkung Ihrer schlechten Gedanken in der Vergangenheit, jetzt schlecht fühlen, zeigt Ihr persönlicher Gefühlswegweiser offensichtlich in eine falsche Richtung. Dorthin, wo es Ihnen noch weitaus schlechter ergehen wird. Eine Kettenreaktion wird ausgelöst.

Sobald es Ihnen noch viel schlechter geht, werden Sie noch schlechter denken, sich daraus folgend noch viel schlechter fühlen und so zeigt Ihr Wegweiser immer weiter in die für Sie falsche Richtung. Eine Abwärtsspirale beginnt. Sie fühlen sich als unschuldiger Pechvogel, ohne eine Möglichkeit, in die Ungerechtigkeiten des Lebens einzugreifen. Sie fühlen sich chancenlos und handlungsunfähig.

Bald sind Sie womöglich so darin gefangen, dass Sie sich dermaßen schlecht fühlen, dass Ihr Körper Alarm schlägt und eine Krankheit ihre negativen Gedanken anzeigt. Wie schon erwähnt, dient diese Krankheit dazu, Ihnen die Möglichkeit zu geben, eine positive Veränderung Ihrer Gedanken und Lebensumstände herbeizuführen. Doch dazu müssen Sie bereit sein. Es ist Ihre persönliche Entscheidung!

Fühlen Sie sich jedoch großartig, zeigt Ihr Wegweiser in eine Richtung, in der es Ihnen noch viel großartiger ergehen wird. Daraufhin werden Sie sich gleich noch viel besser fühlen und Ihren Wegweiser erneut in die Richtung „großartiges Leben" stellen. Sie haben sich inzwischen eine Glückssträhne geschaffen.

Und ist das nicht der Wunsch von uns allen, ein Weg in die Richtung großartiges Leben und beständiges Glück? Das heißt: Wenn Sie sich bereits großartig fühlen, haben Ihre positiven Gedanken dieses großartige Gefühl angezogen und herbeigeführt.

Zusammengefasst können wir sagen: Wenn Sie sich gerade gut fühlen, bedeutet es, dass Sie überwiegend gute Gedanken in der Vergangenheit hatten und, bedingt durch das in Ihnen ausgelöste positive Gefühl, sicher weiterhin haben werden.

Fühlen Sie sich jedoch zurzeit schlecht, sollten Sie sich unbedingt fragen, welche negativen Gedanken der Vergangenheit bei Ihnen dieses negative Gefühl auslösen. Hinterfragen Sie sich. Nur Sie können herausfinden, woher diese negativen Emotionen im Einzelnen stammen. Wo liegt die Ursache? Welche Faktoren sind daran beteiligt? Welche Gedanken (Ich bin nicht gut genug! / Der hat es immer besser als ich! / Was, wenn man über mich lacht?) oder welches Gefühl (Schmerz/Neid/Angst...) herrscht momentan bei Ihnen vor?

Nur wenn Sie sich selbst gegenüber ehrlich sind und dem wahren Ursprung Ihrer negativen Gefühle nachspüren, können Sie diese schlechten Gedanken in Zukunft vermeiden und Ihren Wegweiser langfristig in eine bessere Richtung umstellen.

> Auf die Dauer der Zeit nimmt die Seele
> die Farben deiner Gedanken an.
> (Marcus Aurelius)

Wenn Ihnen das zu theoretisch erscheinen mag, lassen Sie uns auch diesen Teil Ihres Weges gemeinsam beschreiten. Zuerst in kleinen Schritten, da Sie sich vielleicht erst noch in das hier neu vermittelte Weltbild hineinfühlen müssen, doch mit der Zeit werden Ihre Schritte, Ihre Akzeptanz und Ihr Vertrauen größer und ebenso Ihre durch die Resonanz bedingten Erfolge. Sie werden dann mit immer größeren Schritten in die Richtung Ihres positiven Lebens voranschreiten.

Die Resonanz in die positive Gefühlsrichtung kennen Sie sicher aus kleineren Alltagssituationen. Denn diese setzt ein, wenn wir uns gut fühlen und unser Umfeld mit einer positiven Ausstrahlung daran teilhaben lassen. Das funktioniert recht simpel. Sie haben ein Lächeln auf den Lippen oder pfeifen ein fröhliches Liedchen vor sich hin. Plötzlich treffen Sie vermehrt auf Menschen, die ebenfalls lächeln oder die zu Ihnen besonders freundlich sind. Sie ziehen diese netten Menschen geradezu an und fühlen sich durch deren freundliche Art gleich noch besser! Ihr gutes Gefühl verstärkt sich. Wissen Sie, was ich meine?

Ebenso kann es sein, dass Sie durch die gute Laune eines Menschen angezogen werden und scheinbar wie von selbst eine bessere Stimmung haben. Vielleicht summt dieser Mensch gerade Ihr Lieblingslied und Sie gehen deshalb mit dieser Person in Resonanz, eben weil auch Sie positive Gedanken mit diesem Song verbinden. Versuchen Sie, sich zu erinnern, wann Sie zuletzt in diesem Zustand der positiven Resonanz waren?

Versuchen Sie anschließend, sich wieder in diese angenehme Situation hineinzufühlen. Nehmen Sie sich Zeit, meditieren Sie darüber und schreiben Sie sich diese schöne Erinnerung auf. Sie haben jenes positive Gefühl schon einmal gefühlt und deshalb wird Ihnen diese Situation erneut ein Lächeln in Ihr Gesicht zaubern können, sobald Sie diesem Gefühl in Ihrem Innersten nachspüren, denn Sie haben diese Situation in Ihrem emotionalen Erfahrungsspeicher abgelegt.

Leider hält für die meisten Menschen dieses Gefühlshoch nicht allzu lange an, häufig lassen wir es uns von dem ersten muffeligen Menschen wieder wegnehmen. Aus diesem Grund müssen wir lernen, diesen Zustand möglichst oft und lange aufrecht zu erhalten. Das Gefühl kommt allein aus unserem Inneren und wird nicht von jemandem Fremdes zu uns geschickt. Die Entscheidung, ob wir uns gut fühlen **wollen** oder nicht, treffen wir jederzeit selbst. Das müssen wir wissen, dann können wir auch daran arbeiten!
Wollen wir uns wirklich unsere hervorragende Laune von anderen Menschen verderben lassen?
Wollen wir uns tatsächlich derart beeinflussen lassen und von unserer Umgebung abhängig machen?

Ich höre schon Ihr: "Ja, aber ...!" Doch glauben Sie mir, Muffel X kann nicht darüber entscheiden, ob er uns mit seiner üblen Laune ansteckt oder nicht! Das ist allein unsere Entscheidung, es sind unsere Gedanken und daraus bedingt unser Gefühl, welches wir aktiv beeinflussen können. Denn über unsere Gefühle erfahren wir viel über unsere unbewussten Gedanken. Unsere Gedanken sind für uns erfahrbar und erfühlbar! Und wie fühlen Sie sich besser:
Mit Sonne im Herzen oder mit Wut im Bauch?
Welches Gefühl ist Ihnen lieber:
Positiv oder negativ?

Beantworten Sie sich deshalb die folgenden Fragen ehrlichen Herzens. Niemand muss Ihre Antworten hören, fragen Sie leise in sich hinein:

Wie fühlt sich mein Leben momentan an?

Fühlt es sich leicht und beschwingt an?

Ist alles im Fluss und geht spielend voran?

Oder fühlt sich mein Leben schwer und träge an?

Ist mein Vorankommen auf dem Lebensweg mühsam und zäh?

Muss ich mir alles hart erkämpfen und verliere es dann häufig wieder?

Ist dies das Leben, welches ich schon immer wollte?

Habe ich das wundervolle Leben, welches ich mir als Kind erträumte? Ist es genau so?

Oder nagen tief in meinem Innersten unangenehme Gefühle wie Selbstzweifel, Zukunftsangst, Unzufriedenheit oder Frust?

Schön wäre es, wenn Sie diese Antworten auf eine Liste oder in Ihr Selbsterfahrungstagebuch schreiben. Und falls sich Ihr Leben im Moment wie eine völlige Leere anfühlt, fragen Sie sich:

Wo soll die ersehnte Fülle herkommen?

Welche Glaubensgrundsätze sind in Ihrem Unterbewusstsein verankert?

Welche Frequenzen senden Sie aus, und was ziehen Sie demzufolge momentan an?

Wie soll Ihnen das Universum einen wirklich freudigen Wunsch erfüllen können?

Erkennen Sie den Zusammenhang?

Stellen Sie am besten sofort Ihren Frequenzbereich um, wenn Sie Ihr Leben positiv verändern wollen.

Dass Sie mithilfe der Resonanz weitere Situationen und Menschen in Ihr Leben ziehen, die ebensolche Grundstimmungen wie Sie verbreiten, haben Sie bereits gelesen. Jetzt überlegen Sie sich: Wie die Menschen sind, denen Sie täglich begegnen und wie sehen diese aus? Denn ist Ihnen schon einmal aufgefallen, dass man vielen Menschen ihre Gefühle und die damit verbundene Grundstimmung direkt an der Körperhaltung, am Gesichtsausdruck und an den Augen ablesen kann?

Gedankenmuster langer Jahre zeigen sich schließlich in der persönlichen Ausstrahlung und in der Körpersprache. Daher rühren umgangssprachliche Bilder wie eine „verhärmte/ verkniffene Person" oder „der steht da wie ein Schluck Wasser". Und auch die „graue Maus" scheint nicht gerade vor Freude überzuschäumen. Haben Sie in der Vergangenheit bewusst auf solche Dinge geachtet?

Wenn Sie es jetzt tun, was sagen die Menschen Ihres Umfeldes über Sie aus? Mit welchen Personen befinden Sie sich auf einer Wellenlänge?

> Die Körpersprache drückt den jeweiligen inneren Zustand aus. Wenn ich gereizt oder gelangweilt oder enttäuscht bin, dann sieht man das meinem Körper an.
> (Johannes Dörffler)

Gerade wir Pädagogen haben täglich viele verschiedene Körperhaltungen und Gesichtsausdrücke vor uns sitzen. Doch auch unser eigener Körper spricht seine Sprache und offenbart anderen Personen unsere Gefühle.

Die Kinder erspüren häufig, wie es uns geht, oder sie lesen es einfach von unserem Gesicht ab. Somit ist unsere Stimmung und Körperhaltung für eine erfolgreiche Wissensvermittlung enorm wichtig! Wer würde schon gerne seinen Tag mit einem gefrusteten Pädagogen verbringen, der ein Gesicht zieht und zusätzlich mit dem Frust der Kinder in Resonanz geht. Wahrlich eine unglückliche Kombination! Wohl jeder von uns hätte liebend gern selbst einen netten Lehrer gehabt, der persönliches Glück empfindet und dieses Gefühl auch ausstrahlt! Und wohl jeder von uns wäre heute sicher gern dieser nette Lehrer, der persönliches Glück empfindet und dieses Gefühl auch ausstrahlt!

Ebenso ergeht es uns bei Elterngesprächen und Versammlungen. Über meine Grundstimmung erfahre ich viel anhand dessen, wie die Personen auf mich reagieren.
Bin ich nervös, werden die wenigsten Teilnehmer still sitzen können.
Bin ich gereizt, ziehe ich vermehrt Reizthemen und gereizte Diskussionen an.
Nehme ich die Beteiligten nicht ernst, werden auch sie mich nicht ernst nehmen können.
Bin ich jedoch ausgeglichen, entspannen die Zuhörer.
Bin ich mit Begeisterung bei der Sache, springt der Funke über und es wird eine mitreißende Veranstaltung.

Doch wie gelingt uns das? Wie kann ich ein glückliches Gefühl empfinden und dieses auch ausstrahlen?
Wir können festhalten, dass unsere Gefühle im eigentlichen Sinne all die Gedanken von uns sind, welchen wir besonders viel Begeisterung entgegenbringen.
Denken wir leidenschaftlich an unseren Partner, unsere Kinder oder ein Hobby, ist dies das Gefühl der Liebe.
Unser Herz blüht förmlich auf und wir fühlen uns gestärkt.

Wir haben ein warmes, angenehmes Gefühl im Bauchraum und unser Brustkorb weitet sich. Es geht uns gut. Wir fühlen uns gekräftigt und voller Energie. Denken wir hingegen leidenschaftlich an ein Problem oder einen schwierigen Mitmenschen, ist dies ein Gefühl der Ablehnung. Unser Herz wird klein und zumindest metaphorisch nach außen mit einem harten Panzer versehen. Selbst unser Bauchraum fühlt sich an, als hätten wir einen harten unverdaulichen Kloß verschluckt. Es geht uns schlecht. Der Volksmund sagt: „Es schlägt mir auf den Magen."
Wir haben mit diesen negativen Gedanken eine schlechte geistige Nahrung zu uns genommen, die wir nur schwer verdauen können. Daraus folgen unsere negativen Gefühle. Stellt sich die Frage: Wie sieht die richtige geistige Nahrung aus?

Gesunde Ernährung wird als wiederkehrendes Thema in den Schulen unterrichtet, sie ist ein fester Bestandteil des Lehrplans. Ob diese propagierte Ernährung tatsächlich die gesündeste Form ist, darüber lässt sich streiten. Fakt ist jedoch, das Thema „Ernährung" wurde für wichtig befunden. Für so wichtig, dass wir als Pädagogen die Kinder in Kindergärten und Schulen darüber aufklären sollen. Jedoch in keiner mir bekannten Einrichtung werden die Kinder in „gesunder *geistiger* Nahrung" unterrichtet.

Aus diesem Grund achten viele Menschen nicht darauf, ob sie sich geistig gesund ernähren. Wie könnten sie auch? Sie wissen nicht um die Zusammenhänge und die daraus resultierenden negativen Gefühle und Ergebnisse wie der sprichwörtlich unangenehme Kloß im Bauch, von der nachfolgenden Resonanzreaktion mal ganz zu schweigen. Es gilt inzwischen als bewiesen, dass durch solch negative Leidenschaften die Leiden erst geschaffen werden.

Denken Sie an unseren Gefühlswegweiser. Steigen Sie aus dieser Kettenreaktion aus und erschaffen Sie sich für Ihr zukünftiges Leben lieber eine magische Anziehungskraft in die positive Richtung.

Wenn die falschen leidenschaftlichen Gedanken unser gefühltes Leid erschaffen, können wir somit erkennen, wieso unsere negativen Gedanken anerkannte Auslöser für unangenehme Gefühle und schließlich für unsere Krankheiten sind (siehe Kapitel „Gedanken, die Sie krank machen").

Ja, wir können uns hiermit sogar verständlich erklären, wieso die religiösen Gemeinschaften die 10 Gebote predigen (AT 2.Mose 20) - sodass ihre Anhänger diese befolgen mögen - nämlich als eine Anleitung für gute Taten und positives Verhalten. Als Anleitung für den Weg in das sagenumwobene goldene Zeitalter. Ob die Übersetzung mit Worten wie „Gebot" (ableitend von gebieten) und: „Du sollst nicht ... " gut gewählt wurde, kann sich jeder selbst beantworten.

Darauf aufbauend lässt sich nachvollziehen, wieso die unterschiedlichen Glaubensgemeinschaften die 7 Todsünden beschrieben haben und ihre Anhänger eindringlich davor warnen, Sünden solcher Art zu begehen. Zu diesen Sünden zählen unter anderem der Neid, die Rachsucht, die Habgier und der Hochmut. Die Glaubensgemeinschaften warnen nicht, um ihre Anhänger zu prüfen oder zu schikanieren. Nein, sie warnen ihre Anhänger aus ihrem tief greifenden Verständnis um die universellen Gesetze heraus. Sie warnen die Gläubigen, um diese vor negativen Gedanken, negativen Gefühlen und deren Folgen zu schützen.
Und sind es nicht allesamt negative Gefühle: neidisch sein, rachsüchtig sein, habgierig sein, hochmütig sein ... ?

Stecken nicht immer negative Gedanken dahinter: ich gönne es ihr/ihm nicht, ich will mich an ihr/ihm rächen, ich will mehr als sie/er, ich bin besser als sie/er ...?

Was lässt sich da für eine positive Rückmeldung aus dem Universum erwarten???

Nach dem Gesetz der Anziehung erreichen wir lediglich folgendes: Auf eine negative Aktion (schlechte Gedanken) folgt eine negative Reaktion (schlechtes Gefühl).

Bei den Menschen, die noch über etwas Zugang zu ihrem liebevollen Unterbewusstsein verfügen, folgt anschließend das schlechte Gewissen. Wie gut, denn dadurch können diese Menschen erkennen, welche schlechten Gedanken ihr Leben negativ beeinflussen. Mit diesem Wissen können sie anschließend gezielt an diesen Themen arbeiten und ihre Gedanken diesbezüglich ändern oder umprogrammieren, sodass in Zukunft die unerwünschte Resonanz zu diesen Themen verschwindet.

Fassen wir also zusammen:
Wenn wir in unserem Leben besonders leidenschaftlich über ein Problem nachdenken, geben wir den Gedanken in die falsche Richtung zusätzliche Energie mit auf den Weg. Das Universum merkt gerade an dieser Leidenschaft, wie immens wichtig uns der gesendete vermeintliche Wunsch ist.

Es setzt alle verfügbaren Hebel in Bewegung, stellt den Richtungspfeil und der Wunsch wird uns noch viel schneller und intensiver erfüllt. Doch wir freuen uns überhaupt nicht über diese grandiose Wunscherfüllung, sondern wir fühlen uns anschließend noch schlechter und jammern über Ungerechtigkeit und Unglück.

Gefühlsfallen

Gedanken habe keine Macht über deine Gefühle.
Es sei denn, du glaubst ihnen.
(Anssi)

Um solche Problemauslöser oder Problemverstärker zu umgehen, hören Sie am besten sofort und von nun an möglichst oft in sich hinein und erfühlen Sie, wie es um Ihr Gefühlsleben bestellt ist. Wie geht es Ihnen wirklich? Hierbei ist es wieder besonders wichtig, ehrlich zu sich selbst zu sein! Sie brauchen mit niemandem darüber zu sprechen, aber gestehen Sie sich Ihre Probleme ein, nur so können Sie diese produktiv angehen.

Manche der Dinge, die dabei aus Ihren tiefen Schichten aufsteigen, erschrecken Sie vielleicht und deshalb möchten Sie diese nicht wahrhaben. Doch auch das gehört zu Ihrem Leben und Ihrem Wesen dazu.

Bevor wir solche unangenehmen, ungewollten oder beängstigenden Wesenszüge oder Gefühle verdrängen, sollten wir lernen, mit unseren eigenen kleinen Fehlern zu leben, diese zu akzeptieren oder professionell behandeln zu lassen. Erst dann können wir unsere „fehlerhaften" Mitmenschen annehmen und akzeptieren, wie sie sind.

Es heißt nicht umsonst: Liebe deinen Nächsten wie dich selbst! Wir müssen folglich zuallererst lernen, uns selbst zu lieben. Erst dann besitzen wir die Fähigkeit, unseren Nächsten ebenso zu lieben. Wenn wir endlich bereit sind, uns selbst gegenüber zuzugeben, dass auch wir beispielsweise nicht alles an den richtigen Platz zurücklegen, können wir es

104

- ohne Wutanfall oder üble Nachrede - akzeptieren, dass Kollege X die lange gesuchten Arbeitsblätter verlegt hat. Horchen Sie in sich hinein, es wird spannend! Arbeiten Sie an sich und bedenken Sie: Immer weniger schlechte Gedanken bedeuten immer weniger schlechte Gefühle! Sie sollten sich gut fühlen! Das ist der Sinn Ihres Daseins! Sie haben ein Anrecht auf Freude und Glück.

Leider gibt es auch bei unseren Gefühlen einige versteckte Fallen, die uns unser goldenes Leben massiv erschweren und uns die Freude daran verderben können. Um Sie nicht weiterhin unwissend in diese Fallen tappen zu lassen, sehen wir uns die Gefühlsfallen etwas genauer an.

a) Die gefühlte Ungerechtigkeit

> Es ist schwieriger,
> eine vorgefasste Meinung zu zertrümmern
> als ein Atom.
> (Albert Einstein)

Hier steckt die Gefühlsfalle bereits im Wort an sich. Denn die „gefühlte Ungerechtigkeit" ist lediglich ein Gefühl, wenn auch ein sehr unangenehmes. Ich fühle mich so, als würde ich ungerecht behandelt werden. Ich fühle mich, als wäre jemand besonders gemein zu mir.

Es ist meine eigene Sicht der Dinge und somit meine ganz persönliche Wahrnehmung. Dieselbe Situation kann ein anderer Mensch aus einem völlig anderen, vielleicht sogar für ihn wunderbaren Sichtwinkel wahrnehmen und erleben. Und auch Sie können das, wenn Sie dazu wirklich bereit sind!

Fühlen Sie sich jedoch ungerecht behandelt, hat dies einen großen Einfluss auf Ihre Motivation, ihre Gefühlswelt und letztlich auf ihre Gesundheit.

Hierbei ist es hilfreich, die Situation zu hinterfragen:

* Was passiert hier gerade?
* Wieso passiert es?
* Worum geht es tatsächlich?
* Was hat das mit mir zu tun?

Und ebenso wichtig:

* Was könnte ich der Situation Positives abgewinnen?
* Was kann/soll ich hieraus lernen?
* Welche Gelegenheiten ergeben sich daraus für mich?

Als ich an einer neuen Schule begann, lernte ich eine resolute, etwas abweisende Kollegin kennen. Wir wurden Teamkollegen.

Die Zusammenarbeit mit ihr gestaltete sich schleppend und wurde durch das negative Gerede von anderen Kolleginnen nicht gerade erleichtert. Was für eine blöde Situation. Trotz alledem begannen wir, uns nach einiger Zeit zwangsläufig auszutauschen. Einige andere Kollegen impften mich regelrecht mit wohlgemeinten Ratschlägen und Tipps. Doch ich erkannte, dass die üble Nachrede der Kolleginnen eher persönliche Gründe hatte und nichts an der vorhandenen Kompetenz der gemiedenen Kollegin ändern konnte. Für mich eine erfreuliche Feststellung. Da das Kollegium ziemlich gespalten war, hielt sich meine Teamkollegin erst einmal im Hintergrund und beobachtete mich.

Als sie sich nach einigen Monaten ihre Meinung über mich gebildet hatte, konnten wir sehr gut zusammen arbeiten und wir treffen uns noch heute zum Tee. Das wirklich Faszinierende war: Sie hatte gelernt, solche ungerechten Situationen zu hinterfragen. Sie hatte verstanden, dass sie aus schwierigen Situationen lernen kann. Andere Menschen hätten sich an ihrer Stelle ungerecht behandelt gefühlt und über diese gemeinen Kolleginnen gejammert - sie hatte ihren Weg gefunden. Sie konnte Beruf und Privatleben trennen und war keinesfalls sterbensunglücklich mit der Situation. Es war ihre persönliche Wahl, die Situation und Mitmenschen zu beobachten, daraus zu lernen und die Kollegen Ihres Vertrauens auszusuchen.

Dadurch war sie in der Lage, bewusst neue Ziele für sich zu formulieren. Inzwischen arbeitet sie an einer anderen Schule mit nettem Kollegium und - als Bonus - dichter an ihrem Wohnort.

Wir bekommen erst wieder in dem Moment die Möglichkeit, bewusst für unser Leben zu denken/handeln, wenn wir unsere Sichtweise von der scheinbaren Ungerechtigkeit abwenden und das für uns Positive und den versteckten Hinweis in dieser Situation finden. Wir müssen entdecken, wieso wir mit dieser Situation oder diesem Thema in Resonanz gehen. Was bringt uns in diesem Moment derart auf die Palme? Was lässt uns plötzlich in akute Selbstzweifel verfallen? Mit welchen Gedanken habe ich diese Situation angezogen? Wo steckt mein (verborgenes) Resonanzthema? Erst wenn wir diese Resonanz durchschaut haben, wenn wir uns der Situation wirklich bewusst sind, werden wir in der Lage sein, der negativen Situation eine positiv Seite abzugewinnen. Dann werden wir handlungs- und entscheidungsfähig und können uns endlich wieder besser fühlen!

Wir sollten uns deshalb fragen, wie wir diese Situation angezogen habe. Ist es möglich, dass ich über meine Chefin schlecht gedacht habe und als Auswirkung den schlechten Stundenplan von ihr bekomme?

Dann brauche ich mich keinesfalls wegen des schlechten Stundenplans ungerecht behandelt zu fühlen! Ich sollte mich eher für meine negativen Gedanken (bei ihr und mir) entschuldigen und von nun an positive Gedanken in ihre Richtung senden. Das verändert die negativen Gefühle – und mit Sicherheit auch den „ungerechten" Stundenplan!

Über schlechte Reaktionen des Universums zu klagen ist beliebt, hinterfragen Sie jedoch unbedingt, ob und wo eine negative Aktion Ihrerseits vorliegen könnte. Möglich wäre, dass Sie zwar persönlich nichts Schlechtes gesagt haben, aber einer schimpfenden Kollegin tief in Ihrem Herzen mit Begeisterung zustimmten. Nicht immer handelt es sich um bewusste Aktionen. Doch immer handelt es sich um Sabotageakte an Ihrer Zukunft!

*****

An diesem Punkt möchte ich zusätzlich auf das Thema „Mobbing" eingehen. Es ist inzwischen erwiesen, dass Mobbingopfer zuerst mit der Ablehnung begannen. Sie lehnten häufig die Klassenkameraden - bewusst oder unbewusst - ab. Manchmal fühlen sie sich ihren Klassenkameraden überlegen, manchmal unterlegen. Ein anderes Mal beneiden sie diese für ihre Stärke oder ihren Mut. Sie grenzen sich mit diesem Verhalten vom Rest der Klasse ab.
Dadurch lässt sich der hohe Anteil an Außenseitern unter diesen Mobbingopfern erklären. Sie begaben sich im Vorfeld in eine Außenseiterrolle und reizten mit ihrer - bewussten oder unbewussten - Ablehnung den Rest ihrer Klassenkameraden. Stolz ist ebenso gefährlich und negativ wie Neid oder Selbstzweifel. Diese negativen Emotionen ziehen negative Konsequenzen nach sich!

Auch ich möchte den Mobbingopfern helfen! Dies funktioniert allerdings nicht auf der üblichen Schiene. Wir müssen umdenken. Lassen Sie uns deshalb weder in „Ja, aber ..." - Strategien noch in Schuldzuweisungen verfallen. Wie beschrieben kann selbst „Hilfe *gegen* Mobbing" nicht zum erwünschten Ziel führen. Unsere Aufgabe ist es, diese Kinder harmonisch in die Klassen zu integrieren, nicht mit Zwang oder durch Ausgrenzung anderer Personen. Das gelingt uns nur durch ein hohes Maß an vorgelebter und vermittelter Sozialkompetenz.

Wir müssen den Schülern die Auswirkungen ihrer Gedanken klarmachen und ihnen erklären, wie sie solche unangenehmen Auswirkungen und Ablehnungen verhindern können. Hierfür lassen sich die Klassenleiterstunden ebenso nutzen wie Gespräche im Klassenrat oder im Morgenkreis. Die Klasse benötigt positive gemeinsame Erlebnisse und einen neuen moralischen „Ehrenkodex" basierend auf Toleranz, Verständnis, Hilfsbereitschaft, Achtung und Kollegialität.

Affirmationen:

- Ich bin ein liebevolles Wesen und gehe mit all meinen Mitmenschen liebevoll um.
- Ich fühle mich von meinen Mitmenschen gerecht und liebevoll behandelt.
- Mein Glück ist unabhängig von äußeren Einflüssen. Ich bin glücklich und zufrieden.

b) Das Mitleiden

> Mitgefühl ist nie verschwendet,
> es sei denn, man hat Mitleid mit sich selbst.
>
> (Igor Fjodorowitsch Strawinsky)

Es ist erstaunlich, wie häufig es den so genannten „guten"
Menschen ein inneres Bedürfnis zu sein scheint, mit anderen
Personen mitzuleiden. Sie haben Mitleid mit ihnen. Doch ist
dies wirklich ein ehrenwertes oder wünschenswertes Gefühl?

Sollten Sie mit den Angehörigen einer schwer erkrankten
Person mitleiden?
Sollten Sie bei materiellem oder persönlichem Verlust einer
Person mitleiden?
Sollten Sie mit einem lernschwachen Schüler bei jeder
schlechten Note mitleiden?
Sollten Sie mit einer verwahrlosten Person mitleiden?
Auf keinen Fall!

Leiden Sie mit einer anderen Person *leiden*schaftlich mit,
senden Sie per Sympathiebekundung diese negative Leid-
frequenz auf Ihrer Wellenlänge aus und verstärken die
Leidwelle immer weiter. Wollen Sie tatsächlich freiwillig
Situationen die Leid bringen in Ihr Leben ziehen? Und wenn
ja, warum???

*Ich hatte das Glück eine wundervolle Frau zu kennen. Sie war
stets freundlich, liebevoll und hilfsbereit. Ihr Herz war groß.
Daraus ergab sich, dass sie über viele Jahre ihres Lebens
hinweg alte und schwache Menschen pflegte und bis zu deren
Tod begleitet hat. Unglücklicherweise nahm sie sich selbst
nicht besonders wichtig und verspürte Mitleid mit diesen
alternden und kranken Menschen. Sie hatte Mitleid, da sie*

miterlebte, wie die Patienten körperlich zusehends gebrechlicher wurden und allmählich zerfielen. Durch die jahrelange beinahe tägliche Pflege beschäftigten sich ihre Gedanken mit diesen Sorgen, Krankheitsbildern und den daraus resultierenden Problemen. Sie drehten sich um Zerfall und Altern. So kam es, wie es kommen musste. Diese hingebungsvolle Frau erkrankte schwer, ertrug tapfer großes Leid und erlag trotzdem noch vor ihrem 60. Lebensjahr ihrer Krankheit. (M. ich hoffe sehr, dass es dir gut geht, wo auch immer du gerade bist!)

Für viele ihrer Familienmitglieder und Freunde ein unfassbarer und ungerechter Tod. Unfassbar und unendlich traurig, ja, aber nicht ungerecht. Erinnern wir uns, die Resonanz ist unparteiisch, sie funktioniert bei jedem Menschen gleich. Jeder bekommt, was er aussendet. Habe ich nun durch jahrelanges Mitleiden ebenfalls Leid in mein Leben gezogen, liegt die Ursache hierfür - so bedauerlich es ist – immer bei mir und meinen Gedanken.

Meinen Sie wirklich, Sie helfen der leidenden Person, wenn Sie mit ihr leiden? Ich könnte Ihnen etliche passende Begebenheiten aus meinem Berufsfeld als Sonderpädagogin erzählen. Was glauben Sie, wie viele der Menschen mit Beeinträchtigungen oder Behinderungen sind glücklich darüber und wie viele sind es *leid*, von anderen Personen bemit*leid*et zu werden???
Es hilft niemandem weiter, wenn Sie leidenschaftlich mitweinen und mitschimpfen oder mitleiden. Der Spruch: „Geteiltes Leid ist halbes Leid!" führt uns nicht nur in die Irre, sondern er ist schlichtweg falsch. Wir können zwar mit jemandem mitleiden, doch dadurch geben wir diesem Gefühl noch mehr Macht (auch über uns) und vermehren es, anstatt es zu halbieren!

Wollen wir das Leid tatsächlich teilen, ist es nur durch Hilfestellungen wie Freude und positive Gedanken möglich! Ich möchte hiermit keinesfalls erreichen, dass Sie von nun an weghören, wenn Ihnen jemand seine Probleme erzählt. Ebenso kommt es mir nicht in den Sinn, von der Pflege kranker und bedürftiger Menschen abzuraten! Das wäre fatal, denn wären alle Menschen gänzlich ohne Mit*gefühl*, wäre unsere Erde ein kalter, grauer und liebloser Ort. Bei schwerwiegenden Problemen, sei es bei materiellem Verlust der die Existenz bedroht oder bei einem Trauerfall kann es sehr wichtig und sinnvoll sein, sich diese Probleme bei einem vertrauenswürdigen und mit*fühlenden* Menschen von der Seele zu reden.

Sie können und sollten mit Ihren Mitmenschen Mitgefühl empfinden. Und genau hier ist der Unterschied. Ich spreche nicht von Mitleid sondern von Mitgefühl. Mitleid hat mit Leiden zu tun, Mitgefühl jedoch mit Gefühlen. Mitleid verstärkt das Leiden, Mitgefühl schwingt auf den Wellen der Liebe. Fühlen Sie mit dem leidenden Menschen, sprechen Sie ihm Trost zu, nehmen Sie ihn in den Arm, aber machen Sie seine Probleme nicht zu Ihren. Vermeiden Sie es bei Ihrem Trösten unbedingt, eine Resonanz zum Thema „Leid" aufzubauen!

Schicken Sie der leidenden Person gute Gedanken und positive Energien. Stärken Sie diesen Menschen, indem Sie ihm Halt, Hoffnung und Kraft geben. Senden Sie auf der Frequenz von Liebe. Denn die wirkungsvollste Hilfe ist, wenn Sie versuchen, diese unglücklichen Menschen wieder aufzurichten und sie aus ihrem negativen Gefühlsleben herauszuholen. Mitgefühl gibt Ihnen die Möglichkeit, das Leid der Person zu verringern, zu halbieren und bestenfalls aufzulösen!

Möchten Sie solche guten Energien weitergeben, müssen Ihr Blick und Ihre Gedanken in eine freudige Zukunft gerichtet sein. Versuchen Sie, mit einem netten Gespräch die Gedanken der Person in eine positive Richtung zu lenken, sie sozusagen vom Leidthema wegzulenken. Oder Sie können versuchen, die trübe Stimmung mit gemeinsam passenden Wohlfühlfaktoren aufzuhellen.

Vergessen Sie bitte nicht, dass dieses Mitleid ebenso im Wort Selbst*mitleid* steckt. Bemitleide ich mich pausenlos selbst für etwas, werde ich genau dies in mein Leben ziehen. Wenn Sie voller Selbstmitleid wegen einer Krankheit, eines Schicksalsschlages oder einer ungewollten Wandlung in Ihrem Leben sind, bekommen Sie davon mehr. Sie werden nicht gesund, wenn Sie pausenlos jammern: „Warum gerade ich?" Haben Sie Mitgefühl für Ihre trüben Gedanken, erkunden Sie Ihr Resonanzthema und versuchen Sie anschließend, die Miesmacher möglichst rasch aus Ihrem Kopf, Ihren Gefühlen und Ihrem Leben zu vertreiben.

*****

Es ist für mich nach wie vor eine der schwierigsten Übungen, den Kindern den Unterschied zwischen Mitleid und Mitgefühl zu verdeutlichen. Sie besitzen von sich aus häufig großes Mitgefühl und können dies in jungen Jahren deutlich zeigen. Im Laufe der Zeit scheint es jedoch zum Teil sozialisationsbedingt zu verschwinden.

Sie können hier gerade die Teenager darauf hinweisen, dass Mitgefühl nicht unbedingt „uncool" ist. Bei Nachfragen und Rollenspielen möchten auch die Teenager getröstet und vor allem ernst genommen werden. Dies ist eine gute Möglichkeit, ihnen die Thematik nahezubringen.

Affirmationen:

- Ich spüre mein Mitgefühl und sende es an ...
- Ich fühle mit ... und wünsche ihr/ihm in dieser umwandelnden Zeit ausreichend Glauben, Liebe und Hoffnung!
- Ich weiß, dass bedingt durch positive Gedanken ALLES eine harmonische Wendung nehmen wird. Aus diesem Grund schicke ich all meine liebevollen Gedanken in eine positive Richtung und unterstütze sie/ihn/mich damit.

c) Die unterschwellige Ablehnung

oder der Widerstand gegen Veränderungen = Angst

> Die bei weitem größte Ursache für Widerstand ist Angst,
> Angst vor dem Unbekannten.
> (Louise L. Hay)

Angst ist das Gegenteil von Mut. Wer ängstlich ist, ist mutlos. Jeder Mensch trägt Ängste in sich. Archetypische Ängste, wie die Todesangst, sind etwas völlig natürliches. Die Todesangst macht uns auf gefährliche Situationen in unserem Leben aufmerksam und kann uns vor Unannehmlichkeiten oder dem Tod bewahren.

Es gibt aber auch einschränkende und begrenzende Ängste wie die Verlustangst oder die Angst vor Veränderung. Dabei können Ängste unnatürliche zerstörerische Züge annehmen und in Phobien ausarten. Diese dauerhafte Angst ist nachweislich ein weiterer Auslöser für Krankheiten und Todesfälle.

Wenn Sie sich intensiver mit diesem Thema auseinandersetzen möchten, kann ich Ihnen den Film „Die 5 Biologischen Naturgesetze" von David Münnich empfehlen.

Angst ist außerdem das sicherste Mittel, um Menschen zu manipulieren und ihnen das Geld aus der Tasche zu locken. Von diesen Ängsten leben Versicherungen seit ihrer Entstehung und verdienen damit Unsummen. Geld, welches Sie sich hart erarbeiten müssen und welches Sie nun für den Eventualfall an eine Versicherung ausgeben. Die Wahrscheinlichkeit des Schadensfalles ist oftmals verschwindend gering. Wurden Sie vielleicht manipuliert? Wurden Ihre Ängste geschürt?

Haben Sie dieses Buch bis hierher aufmerksam gelesen und fühlen Sie, wie jetzt ein dickes: „Ja, aber…" in Ihnen aufsteigt? Dann gehören Sie wohl zu den Leuten, die es unterschwellig ablehnen, sich zu verändern. Haben Sie Angst vor dem Verlust alter Muster, Personen oder von materiellen Dingen? Ein Verlust, der mit Neuem unweigerlich einhergeht! Oder haben Sie des Öfteren Angst vor unbekannten Situationen und Personen? Haben Sie Angst davor, loszulassen? Funktioniert Ihr Verhalten wie eine (Über-) Lebensstrategie?

Bevor Sie jetzt gleich vehement Ihren Kopf schütteln, horchen Sie ganz leise in sich hinein: Könnte das stimmen? Fürchten Sie sich vor dem Unbekannten?
Haben Sie Angst vor Neuem oder vor Verlust des Alten?
Lehnen Sie Veränderungen ab?

Wie viele Versicherungsverträge haben Sie in den letzten Jahren unterzeichnet? Wie viele Versicherungsbeiträge gehen monatlich von Ihrem Konto?

Gerade für ängstliche Pädagogen sind befristete Verträge, häufige Versetzungen oder Teilumsetzungen ein unhaltbarer Zustand: neue Kinder, neue Kollegen, neue Eltern, neue Leitung, neue Strukturen, neues Lehrmaterial und eine neue Umgebung, verbunden mit persönlicher Angst und Unsicherheit, erschweren die Motivation und Arbeitsbegeisterung dieser Mitmenschen.
Ähnlich ergeht es den ängstlichen Kindern bei ständig wechselnden Erziehern oder Lehrkräften, häufigen Vertretungsplänen und permanenten Strukturveränderungen in ihrem Alltag.

Des Weiteren stellt sich die Frage: Wie soll mit diesem Hintergrund eine stabile Bindung zum Pädagogen oder innerhalb der Gruppen bzw. Klassenverbände zustande kommen? *(Ich habe vor einigen Jahren eine Klasse als Krankenvertretung übernommen und war in diesem Schuljahr inzwischen die dritte Klassenlehrerin der Schüler!)*
Die ständige Veränderung der Bezugsperson im pädagogischen Umfeld, verbunden mit einem hohen Prozentsatz von Trennungskindern mit familiären Bezugspersonenwechseln, ergibt eine massive Belastung für Kinder und Pädagogen.

Doch kommen wir zurück zu Ihnen: Haben Sie in sich hineingehorcht? Allein bei dem Versuch, negative Gedanken zu verändern, finden ablehnende, ängstliche Menschen oft eine Vielzahl von Gründen, wieso Ihnen dies zurzeit gerade nicht möglich ist:
Ja, aber: ich habe keine Zeit dafür.

Ja, aber: wer weiß, was mich dann noch alles erwartet.
Ja, aber: ich bin noch nicht bereit dafür.
Ja, aber: die anderen bringen mich ja auf diese negativen Gedanken.
Ja, aber: ich könnte meine Familie/Freunde damit verletzen/verärgern.
Ja, aber: mir geht es gerade nicht so gut.
Ja, aber ...

Ängstlich werden Veränderungen abgelehnt, und es kommt zu einer unbewussten Anti-Haltung und einer Verneinung. Mit fadenscheinigen Begründungen sind wir dagegen! Wir können es nicht tun! Wie negativ diese Gedankengänge sind, haben wir bereits bei den „Gedankenfallen" betrachtet. *(Das können wir schon den Kindern beibringen: Sätze fangen nicht mit „Aber" an.)*

Sie gehen unweigerlich in den Widerstand - ob bewusst oder unbewusst. Doch wer im Widerstand lebt und eine Neuerung ablehnt, der hat keine Möglichkeit, sich weiterzuentwickeln. Er muss sowohl in seinen alten Gedankenmustern als auch in seiner schwierigen Lebens-situation stecken bleiben. Er fühlt sich weiterhin schlecht, und erneut beginnt eine Abwärtsspirale. Die notwendige positive (Weiter-) Entwicklung stagniert.

Die Weiterentwicklung stagniert auch bei jenen Menschen, die stets und ständig vor Ihren Problemen davonlaufen. Beim Weglaufen findet sich keine Lösung. Beim Weglaufen erfüllen sich keine positiven Wünsche. Durch das Weglaufen beginnt vielmehr das *Sog*prinzip zu wirken und die Ängste und Probleme kehren in schönster Regelmäßigkeit zu einem zurück. Sie werden förmlich angesaugt (ange*sog*en). Egal, wo Sie sich befinden.

117

Wie sagt der Volksmund so schön: „Wovor man am meisten Angst hat, das passiert einem!"
In der Bibel heißt es: „Denn was ich gefürchtet habe, ist über mich gekommen!" (Hiob 3,25)
Zusätzlich arbeitet ein Verdrängungsmechanismus ins Unterbewusstsein. Die Verdrängung der negativen Veränderungen und der negativen Gefühle löst diese Probleme aber nicht. Ihre Ängste strahlen fortan aus Ihrem Unterbewusstsein negative Signale aus, und die Resonanz arbeitet dementsprechend weiter.

Solange Sie Ihr Resonanzthema (in diesem Fall die Angst) nicht gelöst haben, werden immer wieder dazu passende Situationen von Ihnen angezogen. Unabhängig vom Ort. Es hilft Ihnen nicht, davor wegzulaufen. Selbst wenn Sie in ein anderes Land auswandern, werden Sie Ihre persönlichen Resonanzthemen mitnehmen. Diese Themen gehören ebenso zu Ihnen wie Ihre Fähigkeiten und Ihr Wissen.

Sind Sie beispielsweise in Deutschland eine Fachkraft für Minnesang und ziehen nach Spanien um, werden Sie an dem neuen Ort genauso gut singen und Ihr Instrument spielen können. Sie haben Ihre Fähigkeiten mitgebracht.
Ebenso hatten Sie Ihre (un-) bewussten Ängste im Reisegepäck. Ihre Resonanzthemen begleiten Sie treu überall hin. Sie tragen sie ähnlich einem lästigen Rucksack mit sich herum. Lösen Sie jedoch Ihre Resonanzthemen allmählich auf, wird auch die Last Ihres Rucksackes geringer werden und Ihr Leben fühlt sich schon dadurch leichter und beschwingter an.

Wenn Sie in sich hineinhorchen, werden Sie erkennen, dass gerade diese Dinge, die Sie vehement ablehnen, dringend von Ihnen hinterfragt und aufgearbeitet werden wollen.

Achten Sie besonders auf wiederkehrende Muster, die Ihnen auf unschöne Weise so lange in Ihren Lebensweg geraten, bis Sie schließlich die für Sie dahinter steckende Lernaufgabe entdeckt und gelöst haben. Erst dann verlieren Sie die Resonanz zu diesem Thema und ziehen solche Situationen, Menschen und Lebensumstände nicht länger an.

Wenn Sie sich nicht wohlfühlen, ist es eine natürliche Reaktion, seinen unangenehmen Gefühlen nicht weiter nachzugehen. Wenn Sie sich eher unbehaglich fühlen, genervt oder traurig als total gestresst, aufgebracht oder zutiefst deprimiert, dann nehmen Sie Ihre leicht unangenehmen Gefühle nicht ernst, weil Sie befürchten, das Sie sich noch schlechter fühlen werden, wenn Sie die darunter liegenden Gefühle näher anschauen. Sie verlieren dadurch die Möglichkeit, die gedanklichen Muster zu erkennen, die dazu führen, dass Sie überhaupt negative Erfahrungen machen. Ihnen entgeht die Chance, sich bewusst dafür zu entscheiden, sich nicht auf Gedankengänge einzulassen, die Ihre Emotionen aufwühlen. Es ist, als würden Sie große Müllsäcke hinter sich herziehen, während Sie mühsam vorwärts stampfen.
(Peggy McColl in „Dein Schicksalsschalter")

Sehr deutlich wird dieses Phänomen in Partnerschaften. Wie Sie sicher wissen, bekommt man als Pädagoge häufig reichhaltige Informationen über jegliche familiären Situationen aufgedrängt. Nur einige dieser Informationen sind für uns wichtig und erleichtern das Verständnis für die Kinder.
Das hintergründig Interessante an diesem privaten Input der Eltern ist, dass genau die Kolleginnen angesprochen werden, die zu solchen Themen eine Resonanz haben und ebenfalls ein recht turbulentes Privatleben führen.

Sie denken über ihre privaten Probleme nach, fühlen sich schlecht und ziehen ebenso ungünstige Beziehungskonstellationen an. Man fühlt sich von diesen Menschen verstanden.

Eine alleinstehende Pädagogin mit dem Lieblingslied „Männer sind Schweine" wird unweigerlich Gespräche mit (allein erziehenden) Müttern anziehen, welche sich darum drehen, wie schwierig sich die Kindesbeziehung zum Vater gestaltet oder wie schwierig der Vater ist.
Aus diesem Grund können und sollten wir uns nach unseren Elterngesprächen fragen:
Was hat das mit mir zu tun?
Wieso/Womit ziehe ich dieses Resonanzthema an?

Doch zurück zur unbewusst aufgebauten Negativspirale und den unterdrückten Gefühlen. Wenn wir genauer hinsehen, können wir erkennen, dass viele Arbeitsverhältnisse oder Partnerschaften immer wieder an den gleichen Punkt gelangen und oft an den gleichen Schwierigkeiten zerbrechen, obwohl beide Partner auf der Suche nach harmonischen Arbeitsbedingungen bzw. auf der Suche nach Beständigkeit und nach Liebe sind.

- Eine Person, die ihre Vorgesetzte angreift, wird von dieser sicher nicht weiter-beschäftigt und hat bei einer neuen Stelle das gleiche Problem. (Vielleicht, weil Sie unbewusst Frauen als Autoritätspersonen ablehnt?)
- Eine Person, die ständig betrogen wird, findet nach einer Trennung häufig den nächsten untreuen Partner. (Vielleicht, weil sie sich selbst nicht lieben kann, sich selbst nicht treu ist oder Angst hat, sie genüge nicht?)

Ähnlich funktionieren diese Angst-Resonanzthemen auch im Zusammenspiel mit den Kindern:

- Eine Pädagogin, die Angst vor einigen Verhaltensweisen der Kinder hat, wird stets Kinder mit diesen Verhaltensweisen anziehen. (Vielleicht, weil Sie mit ihrer Angst und Unsicherheit dem Schüler ein Gefühl der Überlegenheit gibt?)

Bei diesen aufgezeigten Beispielen sind es immer wieder die gleichen unglücklichen Systeme, die gleichen ungünstigen (Denk-)Gewohnheiten und die gleichen ängstlichen Gefühle, die erneut eine ähnliche Situation anziehen. Das Sogprinzip startet - und die Weiterentwicklung wartet geduldig vor sich hin. Hinterfragen Sie sich deshalb unbedingt, wieso Sie in Ihrer fadenscheinigen „Ja, aber …" - Strategie verharren wollen und welches die daraus resultierenden angeblichen! Vorteile für Sie sein könnten. Lohnt es sich wirklich, weitere Unannehmlichkeiten auf sich zu ziehen und das Glück warten zu lassen?

Möglicherweise wissen Sie bereits im Vorfeld, dass Sie sich über eine bestimmte Situation mächtig ärgern werden und trotzdem verschafft Ihnen das Wissen um den Ausgang ein Stück Sicherheit. Sicherheit ist Gewohnheit und Gewohnheiten kann man recht lieb gewinnen. Gewohnheiten sind fast so etwas wie ein (un-)geliebtes Ritual. Man weiß schließlich, was folgen wird, wie man sich fühlen wird und wie es anschließend im Leben weitergeht. Aber wollen Sie sich wirklich ärgern müssen, nur für diese Form von Scheinsicherheit?

Ich lernte in einer Schule für Menschen mit geistiger Behinderung zwei Kolleginnen kennen, die in einem Klassenteam zusammen arbeiteten. (Üblicherweise werden in diesen Schulen die Klassen von zwei Pädagogen geleitet: KlassenlehrerIn und ZweitlehrerIn.) Auf den ersten Blick erschien dieses Team durchaus harmonisch und angenehm. Doch hinter dieser Fassade herrschte ein unterdrückter Kleinkrieg. Eine der Kolleginnen hegte üble Gefühle, sie dachte schlecht über die andere und sprach unschön hinter deren Rücken. Manchmal sogar vor den Schülern. So dauerte es nicht lange, und die andere Kollegin erfuhr davon. Sie stellte ihre Teamkollegin zur Rede. Natürlich stritt diese alles ab. Aber ihr Verhalten änderte sich nicht, und sie erzählte weiterhin schlechte Dinge.

Inzwischen sind Jahre vergangen und noch immer arbeiten die beiden Kolleginnen in einem Team zusammen. Trotz Angeboten der Schulleitung dieses Team zu verändern. Was steckt dahinter? Hat sich die eine Kollegin geändert und ihrem Leben eine positive Wendung gegeben oder ist es Gewohnheit und Furcht? Was hält diese beiden Frauen zusammen? Macht es tatsächlich Spaß, mit jemanden zu arbeiten, der mir übel nachredet und böse Dinge wünscht? Könnte es sein, dass beide Kolleginnen Angst vor einer Veränderung haben? Wer weiß was dann kommt?! Nach dem Motto: Was ich habe weiß ich, was ich bekomme kann schlimmer sein! Welche Lebensaufgaben oder Resonanzthemen müssen von den beiden Frauen wohl noch bearbeitet werden?

Oder wissen sie um die Wirkungsweise der Resonanz und ihnen ist klar, dass sie bedingt durch ihre ausgesendeten Frequenzen auch mit einer anderen Kollegin bald wieder an solch einem Punkt stehen würden? Wenn dem so ist, wäre es dann nicht an der Zeit, sich weiterzuentwickeln und seine Sendefrequenz zu ändern? Macht es nicht mehr Sinn, sich zu hinterfragen und zu verändern, als in einer selbst erwählten Unzufriedenheit auszuharren?

Die Hauptursache für Ablehnung und Widerstand jeglicher Art ist demzufolge Angst. Und Angst ist ein Gefühl. Sie ist ein unangenehmes, schmerzliches Gefühl. Man sagt, die Angst sitze im Wurzelchakra des Menschen, tief unten also, am Ende der Wirbelsäule. Genau dort, wo die Eigenschaften Vertrauen, Geborgenheit und Loslassen eingeordnet werden.

Mit diesem Wissen können wir erkennen, dass Angst entsteht, weil wir es verlernt haben, zu vertrauen. Wir haben unsere Geborgenheit verloren und müssen uns nun an allem festklammern, was wir haben und was uns ein wenig der gesuchten Geborgenheit vorgaukelt, egal wie schmerzvoll es sein mag.

Du hältst dein Herz sorgfältig verschlossen, weil du Angst hast, etwas von deinem Inneren könne nach außen dringen; und etwas von dem, was außerhalb ist, könne eindringen und dich schädigen. Je mehr du es jedoch verschlossen hältst, desto verkrampfter, fester, härter, steinerner wirst du und desto weniger Leben fließt in dir und durch dich.
(Safi Nidilaye in „Der entscheidende Schritt")

Wir haben Angst vor Ablehnung, Angst vor Unsicherheit, Angst vor Schmerzen, Angst vor Verlust, Angst vor Demütigungen, Angst davor, nicht gut genug zu sein und viele Ängste mehr.
In dem Maße, in dem wir Angst haben, verschließen wir uns. Wir verschließen uns vor uns selbst und vor der Außenwelt. Wir scheinen unsere scheinheilige Sicherheit zu lieben und unsere absurden Rituale, auch wenn diese noch so unangenehm für uns sind. Dadurch verhärten allmählich unsere Gefühle und unser Leben wird liebloser, gefühlloser und unangenehmer. Aber wir wissen, was uns erwartet und dafür nehmen wir einiges in Kauf!

Dieses zerstörerische Denken und Tun können wir täglich in Sätzen wie diesen vernehmen:
„Was danach kommt, kann nur schlimmer werden!"
„Was du hast, dass weißt du, was du bekommst, dass nicht!"
„Der Spatz in der Hand ist besser, als die Taube auf dem Dach!"

Natürlich wissen Sie inzwischen, wer so ängstlich denkt, der zieht genau das in sein Leben, was er nicht will: „Wer weiß, wie schlimm es dann wird!" Darin bestätigt sich, dass sein Leben nicht schön ist, eben weil er so denkt. Wie traurig! Es gibt aber auch diesen schönen und wahrhaft schlauen Satz: „Die Angst ist ein schlechter Berater!"

Fragen Sie sich: Ist es nicht schöner, sich vom guten Ausgang einer Situation überraschen zu lassen? Selbst um den Preis der Ungewissheit? Sie haben dann ihre illusorische Sicherheit nicht mehr und wissen nicht, welches wunderschöne Erlebnis auf Sie wartet! Doch Sie haben die Sicherheit, dass wirklich schöne Erlebnisse auf Sie warten, wenn Sie innerlich bereit sind, Ihr Misstrauen und Ihren Widerstand aufzugeben!! Vertrauen Sie darauf! Trauen Sie sich und der Welt etwas zu! Vertrauen Sie darauf, dass Sie beschützt und liebevoll geleitet werden. Lassen Sie Ihre Ängste los und erfreuen Sie sich an den wundervollen Veränderungen, die auf Sie zukommen werden. Loslassen ist ein Schlüssel zum Glück!

✳✳✳✳✳

Bei ängstlichen Kindern bietet sich das „Autogene Training" (AT) mit seiner „formelhaften Vorsatzbildung" an. Hierbei werden den Kindern in entspannten Situationen Geschichten mit verändernden Glaubenssätze vorgelesen. Die formelhafte Vorsätze sollen ihnen beispielsweise Mut machen oder die

Angst nehmen. Sie werden mehrmals wiederholt und in kurzen Reimen formuliert, wie „Alles wird gut, ich habe Mut!" Es ist günstig, diese Reime gemeinsam mit den Kindern zu dichten und darauf zu achten, dass sie positiv formuliert werden. Spezielle Kinderzahnärzte arbeiten unter anderem äußerst erfolgreich mit dieser Methode.

Zur vertiefenden Lektüre kann ich Ihnen das Buch „Entspannung für Kinder – Stress abbauen, Konzentration fördern" von Dr. Volker Friebel empfehlen. Sie finden darin neben entspannenden Elementen auch einen kompletten AT-Kurs für Kinder. Wenn Sie mögen, können Sie sich zu einem Kursleiter für „Autogenes Training" ausbilden lassen. Diese Seminare finden Sie in ganz Deutschland. Die Kosten bekommen Sie meist über den Bildungscheck erstattet.

Affirmationen:

- Ich vertraue darauf, dass ich immer gut behütet sein werde und liebevoll beschützt bin.
- Ich begrüße die Veränderungen in meinem Leben und heiße sie herzlich Willkommen.
- Ich vertraue darauf, dass sich mein Leben jetzt in Richtung Fülle und Überfluss entwickeln wird.

d) Die Sache mit der Schuld

Schuldzuweisungen oder Schuld auf sich zu laden, wird dich nicht lehren, besser mit dir umzugehen, noch wird es die Welt verbessern!
(Petra Speth)

125

Beim Thema Schuld gibt es verschiedene Möglichkeiten von Gefühlsfallen:

- Ich fühle mich selbst schuldig.
- Ich fühle, dass ich von jemandem für schuldig gehalten werde.
- Ich fühle, dass jemand anderes Schuld hat und beschuldige ihn.

Das Verb „schuldig sein" leitet sich vom gleichen Wortstamm ab wie die Substantive „Schuld" und „Schulden". Wenn ich also Schuld auf mich geladen habe, bedeutet das, ich habe Schulden bei jemandem?

Habe ich nun emotionale oder materielle Schulden einer anderen Person/einem Lebewesen gegenüber, weil ich mich in einer bestimmten Art und Weise verhalten habe? Sind wir Menschen tatsächlich alle mit Schuldverbindungen aneinander gekoppelt? Ist das so?

Meine Freundin feierte ihre Wohnungseinweihung, natürlich mit vorheriger Ankündigung im Treppenflur, verbunden mit einer Einladung an die übrigen Mieter des Hauses. Trägt sie jetzt die Schuld daran, dass sich der wütende Untermieter sein Bein brach, als er voller Ärger die Treppe hoch stürmte und sich über den Lärm beschweren wollte? Hat sie jetzt emotionale oder vielleicht sogar materielle Schulden bei ihm? Aus seiner Sicht: ja! Aus ihrer Sicht: nein!
Selbstverständlich hat sie sich als gut erzogener Mensch bei ihm entschuldigt. Doch: Hatte sie wirklich Schuld daran? (Vielleicht war auch das ein Werk der Resonanz, die diesem aufgebrachten Menschen zeigen wollte: wenn du jetzt Ärger machst, bekommst du selbst welchen?)

Fühlen Sie sich für etwas Bestimmtes schuldig?
Zerbrechen Sie sich fortwährend den Kopf über Dinge, die in Ihrer Vergangenheit passiert sind?
Hegen Sie Selbstzweifel, ob Sie für eine traurige Situation verantwortlich sind?
Gestehen Sie sich nicht zu, fröhlich und lebensfroh zu sein, weil damals eine bestimmte Sache passierte?
Geben Sie sich die Schuld daran und können deshalb nicht von diesen quälenden Gedanken lassen?
Prägt dieses Schuldgefühl Ihr Leben?

Viele Menschen zerbrechen daran, sich selbst für begangenes Unrecht oder Unglück zu beschuldigen. Sie denken pausenlos: „Ich bin schuld!" Andere zerbrechen daran, Mitmenschen für begangenes Unrecht oder Unglück zu beschuldigen. Sie denken pausenlos: „Er/Sie ist schuld!" Sie müssen tief in Ihrem Herzen verstehen lernen, Sie haben keine Schuld. Sie handelten in diesen Situationen genau so, wie Sie es mit Ihrem damaligen Wissensstand für richtig erachteten. Besser konnten Sie sich nicht verhalten.

Ich möchte hier noch kurz auf eine oft gestellte Frage eingehen: „Ich plädiere auf unschuldig im Sinne der Anklage" bedeutet keinesfalls, dass wir Straftäter laufen lassen sollten! Wir müssen uns allerdings mehr Gedanken machen, wie die Wiedereingliederung in das Leben (auch nach dem Vollzug) stattfinden sollte und welche Gedankenmuster und Glaubensgrundsätze des Täters dafür verändert werden müssen!
Es gibt momentan viele Erklärungen für die Entwicklung von Straftätern. Mit diesen scheinbaren Entschuldigungen arbeiten wir jedoch in die falsche Richtung und reisen wie bei der Antihaltung in einen falschen Frequenzbereich. Die Frage sollten wir mit: „Wie können wir es besser machen?" stellen,

statt: „Womit können wir das entschuldigen?" Für eine Vertiefung dieser speziellen Thematik ist an dieser Stelle nicht der richtige Platz. Die in dem Buch angesprochene Unschuldigkeit bedeutet eher, den Fluss des Lebens mit all seinen unschönen Widrigkeiten als Lernprozess hinzunehmen und anzuerkennen. Ein Lernprozesse auf unserem Weg der Weiterentwicklung. Eben deshalb ist es so wichtig, alle Menschen über das Gesetz der Resonanz aufzuklären!

Und wir als Pädagogen stehen an vorderster Stelle, denn wir arbeiten mit der nächsten Generation. Wir vermitteln den Kindern Wissen. Warum sollten wir dabei auf so wertvolle Hinweise verzichten? Wäre es für die Kinder nicht ein viel besserer Start ins Leben, wenn sie über die Anziehung Bescheid wüssten, statt wie wir, erst durch unangenehme Umstände darauf gebracht werden zu müssen?

Denn mal ehrlich, würde es Ihnen besonders prächtig gehen und würden Sie ohne Komplikationen Ihr Leben meistern, würden Sie nicht ein Buch wie dieses lesen. Sie hätten keine Resonanz zu dem Thema. Ihre Notwendigkeit zur Weiterentwicklung wäre Ihnen auf einem anderen Weg vor Augen geführt worden, denn Ihre Resonanzthemen wären andere.

Lassen Sie uns jetzt gemeinsam auf einige Schuld-Beispiele blicken:

- Ich fühle mich schuldig, weil ich meinem Kind bei der Scheidung den Vater genommen habe!
- Ich fühle mich schuldig, weil ich in dem Unfallauto hätte sitzen sollen und nicht er!
- Ich fühle mich schuldig, weil ich mich nicht genügend um jemanden gekümmert habe!

Das klingt verständlich, aber:

- Sie haben sich getrennt, weil es für Sie zu diesem Zeitpunkt die einzig relevante Möglichkeit war!
- Sie waren an dem Abend nicht im Unfallauto, weil Sie sich krank fühlten und darum ist ein Freund mitgefahren. Sie haben ihn nicht dazu genötigt!
- Sie waren zu dem Zeitpunkt nicht in der Lage, sich intensiver um jemanden zu kümmern, weil für Sie andere Dinge Priorität hatten.

Und: Nützt es jemandem, wenn Sie sich im Nachhinein dafür schuldig fühlen? Anscheinend sollten Sie diese Dinge erleben, um daran zu wachsen und Ihre momentanen Ansichten zu hinterfragen. Denn selbst wenn Sie sich schuldig fühlen: Kommt deshalb der Vater wieder? Können Sie dadurch das Opfer des Unfalls zum Leben erwecken? Können Sie sich rückwirkend um diese Person kümmern?

Keinem einzigen Menschen ist mit Ihrer Selbstschuld geholfen! Sie machen durch Ihre negativen Gedanken und Gefühle Ihr Leben nur schlimmer! Helfen können Sie, indem Sie Ihren vermeintlichen Fehler bereuen, aus dem Fehler lernen und sich demnächst bemühen, es besser zu machen! Ein Fehler ist erst dann wirklich ein Fehler, wenn Sie nichts dazu gelernt haben. Dann ziehen Sie diese Situation nämlich wiederholt in Ihr Leben, um die Möglichkeit des Dazulernens ein weiteres Mal zu bekommen.

Helfen können Sie Ihrem Kind, indem Sie nach der Trennung einen konfliktfreien Umgang mit dem Vater pflegen. Helfen können Sie, indem Sie den Angehörigen des Unfallopfers liebevoll zur Seite stehen! Helfen können Sie, indem Sie sich von nun an intensiver um jemanden kümmern werden.

Gerade im Pädagogenalltag stehen wir immer wieder vor solchen Situationen. Wir können uns schuldig fühlen, weil wir einen Schüler nicht so annehmen können, weil wir das Gefühl haben, jemanden ungerecht zu behandeln oder weil sich ein Kind verletzt hat. Wir bekommen hier vor Augen geführt, woran wir noch arbeiten müssen und uns entwickeln können. Versuchen Sie, für diese Zeichen dankbar zu sein!

Tun Sie demnächst lieber Gutes, statt sich schuldig zu fühlen und zu jammern! Pflastern Sie Ihren weiteren Weg mit guten Taten. Sie können beispielsweise ehrenamtliche Tätigkeiten in Kindereinrichtungen, bei der Seelsorge oder in Pflegeheimen verrichten. Oder Sie könnten Gelder für bestimmte Einrichtungen und Organisationen sammeln und spenden. Natürlich können Sie ebenso Gutes in Ihrer Familie oder im Freundeskreis tun. Möglichkeiten gibt es viele. Hauptsache ist, dass Sie keine Gegenleistung erwarten.

Denken Sie daran, jeder ist auf seinem Weg und nicht jeder Mensch ist mit dem Gefühl der Dankbarkeit verbunden. Gehen Sie mit einer Erwartungshaltung an Ihre guten Taten heran, steht automatisch die andere Person in Ihrer Schuld. Und gerade die (vermeintliche) Schuld sollte doch durch Ihre gute Tat ausgelöscht werden. Vollbringen Sie Ihre guten Werke auch ohne Dank und Lob!

Die zusätzliche Arbeit wird Sie außerdem aus Ihren trüben Gedanken herausreißen. Sie wird Ihre Sinne auf neue, angenehmere Dinge lenken und Sie an den Glücksmomenten anderer teilhaben lassen oder Ihnen ermöglichen, anderen Personen Glücksmomente zu schenken.
Sollten Sie in Ihren Augen eine viel schwerere Schuld auf sich geladen haben, als die hier aufgeführten, und Sie bereuen Ihre Tat aus tiefstem Herzen, so:

Ent**schuld**igen Sie sich! Nehmen Sie die **Schuld** von sich! Ent**schuld**igen Sie sich bei allen daran Beteiligten. Tun Sie dies persönlich oder in Gedanken, aber tun Sie es aus tiefstem Herzen. Dies kann auch durch einen geschriebenen Brief erfolgen, den sie anschließend laut vorlesen (vor der betreffenden Person oder für sich allein).

Für manche Menschen ist es ein schönes Gefühl, den Brief anschließend zu verbrennen oder ihn per Luftballon in den Himmel steigen zu lassen. Selbstverständlich kann er an die betreffende Person geschickt oder ihr überreicht werden, oder Sie verwahren ihn in Ihrem Selbsterfahrungstagebuch.

> *Liebe/-r ...,*
>
> *bitte entschuldige, dass ich ... gedacht/gesagt/getan habe. Ich weiß, dass ich dich damit gekränkt/geschädigt habe. Es tut mir sehr leid. Ich entschuldige mich aus tiefstem Herzen bei dir.*
>
> *Ich hoffe, du kannst mir verzeihen.*
>
> *Danke!*

Haben Sie das Gefühl, dass eine andere Person eine Schuld auf sich geladen hat, vergeben Sie ihr! Vergebung befreit Ihr Herz. Begegnen Sie dieser Person mit Verständnis und hinterfragen Sie, wie es dazu kommen konnte.

Manchmal fühlt man sich auch gekränkt und gibt einer anderen Person die Schuld dafür. Erinnern Sie sich an die Ausgangssituation. Häufig entstehen Missverständnisse, weil zwei Menschen aneinander vorbeireden.

131

Keiner der beiden meint es böse und doch wird am Ende einer (oder es werden beide) schuldig gesprochen. Wir müssen zur Klärung den Sachverhalt hinterfragen. Kommunizieren Sie miteinander und besuchen Sie gegebenenfalls eines der Seminare zur „Gewaltfreien Kommunikation".

Erkennen Sie an, dass jeder Mensch Fehler macht. Nicht bewusst und nicht willentlich. Er macht Fehler, um daraus zu lernen und daran zu wachsen. Jeder ist auf seinem Weg und verhält sich so gut er kann. Auch Fehler sind relativ. Was für den einen Menschen ein Fehler bedeutet, kann für jemanden anderes eine grandiose Verbesserung auf dem Lebensweg darstellen. Deshalb bewerten, verurteilen und be*schuld*igen Sie nicht! Vergeben Sie! Vergeben Sie sich und anderen! Die Vergebung wird Ihr Herz allmählich wieder sanft und frei werden lassen!

Fühlen Sie in sich hinein und erspüren Sie, welche Person Sie beschuldigen, wem Sie etwas nach*tragen*. Sie *tragen* hierbei die Last. Und Sie machen sich Ihr Leben mit dieser Last unnötig schwer! Vergeben Sie dieser Person. Tun Sie dies persönlich oder in Gedanken, aber tun Sie es aus tiefstem Herzen.

Wenn Sie es lieber religiös mögen, kann Ihnen hierbei das „Vater unser" helfen. Dort wird ebenfalls um die Vergebung der Schuld gebeten:

„Vater unser im Himmel, geheiligt werde dein Name, dein Reich komme, dein Wille geschehe. Wie im Himmel, so auf Erden. Unser tägliches Brot gib uns heute *und vergib uns unsere Schuld, wie auch wir vergeben unseren Schuldigern* und führe uns nicht in Versuchung, sondern erlöse uns von dem Bösen…"

Liebe/-r ...,

bitte vergib mir, dass ich dich beschuldigt habe, ...
gesagt/getan zu haben. Ich weiß, dass du es nicht
getan hast, um mich zu kränken/schädigen. Es tut
mir sehr leid. Bitte vergib mir, dass ich schlecht
über dich gedacht/gesprochen/geschrieben habe.
Ich danke dir dafür und vergebe dir, dass du mich
verletzt/schlecht über mich gedacht/gesprochen/
geschrieben hast.

*****

Solch eine Entschuldigungs- oder Vergebungsübung können Sie auch mit den Kindern durchführen, denn schon in den Kindergruppen gibt es Streitigkeiten. Und Streitschlichtung hat immer etwas mit entschuldigen und verzeihen zu tun. Dies ist ein Teilbereich der in manchen Grundschulen für Schüler angebotenen „Streitschlichterausbildung".

Besprechen Sie mit den Kindern, wofür man sich entschuldigen sollte und was es mit der Schuld auf sich hat. Kinder haben oft noch viel feinere Antennen und können mit ihrem Gespür nachvollziehen, um was es geht. Malen Sie vielleicht ein Entschuldigungsbild oder schreiben Sie ähnliche Entschuldigungsbriefe mit Schülern. Danach können die Kinder das Schriftstück an einem Luftballon in den Himmel steigen lassen oder in einem gebastelten Papierschiff einen Fluss entlang schicken. So werden sie in die Lage versetzt, die Schuld symbolisch loszulassen.

Sie können außerdem mit den Kindern ein kleines Rollenspiel einstudieren oder ein Improvisationstheater zu diesem Thema veranstalten. Spielen Sie mögliche Lösungsvorschläge durch und besprechen Sie diese anschließend. Für die kleineren Kinder bietet sich hierfür beispielsweise ein Puppentheater an.

In einigen Schulen wird seit einiger Zeit eine Streit-schlichterausbildung für Schüler angeboten. Wenn das in Ihrer Einrichtung nicht der Fall ist, vielleicht gibt es für Sie eine Möglichkeit, sich einzubringen und das Projekt anzustoßen?
Informationen zur Streitschlichtung an Schulen finden Sie beispielsweise auf den Seiten der gesetzlichen Unfall-versicherung und dem Streitschlichtungskongress.

Affirmationen:
- Ich akzeptiere mich voll und ganz.
- Ich liebe mich, so wie ich bin!
- Ich bin auf meinem Weg und sammle dabei all meine notwendigen Erfahrungen.

e) Die vergleichende Verurteilung

> Jedes Urteil ist eine Selbstverurteilung, und jedes Mal, wenn ich gegen etwas eingestellt bin oder etwas bekämpfe, bekämpfe ich mich selbst.
> (Kurt Tepperwein)

Jedem Urteil geht ein Vergleich voraus. Deshalb findet das Be- und Verurteilen bereits in Gedanken statt, doch da diese Be- oder Verurteilung häufig mit einem besonders negativen

Bauchgefühl wie Selbstmitleid, Wut oder Neid einhergeht, habe ich es hier bei den Gefühlsfallen eingeordnet.

Es scheint in der Natur des Menschen zu liegen, sich mit anderen zu vergleichen. Im Babyalter werden die Fähigkeiten (*Mein Tom kann schon krabbeln!*) und Körperlichkeiten (*Dafür hatte meine Lissa mit 3 Monaten den ersten Zahn!*) unserer Kleinsten von Müttern und Ärzten begutachtet und verglichen.

Im Kindergarten und in der Schule geht es weiter mit Vergleichen zwischen Spielfreunden oder Geschwistern, als Klassennotenspiegel und sogar mit landesweiten Vergleichsarbeiten. Auch die Schüler vergleichen sich untereinander und definieren darüber ihren Stellenwert in der Klasse. Ja, selbst im Erwachsenenalter warten hinlänglich Vergleiche und Urteile auf uns. Ich muss hierbei nicht betonen, dass wir Pädagogen aus beruflichen Gründen sogar verpflichtet sind, die Kinder zu vergleichen und zu beurteilen.

Wir Menschen neigen also dazu, uns mit anderen zu vergleichen. Über Vergleiche steuern wir unsere Wertigkeiten: Schneiden wir bei einem Vergleich gut ab, sind wir dabei besser, klüger, schöner oder reicher, fühlen wir uns gut. Wir fühlen uns besser, klüger, schöner oder reicher. Unser Selbstwertgefühl steigt.

Schneiden wir bei dem Vergleich jedoch schlecht ab, ist die andere Person besser, klüger, schöner oder reicher, fühlen wir uns schlecht. Wir empfinden uns als minderwertig. Wir werden unzufrieden. Das scheinbare Manko vermittelt uns ein negatives Gefühl. Doch wieso eigentlich? Jeder Mensch ist auf seinem persönlichen Entwicklungsweg und benötigt seine Erfahrungen.

Der eine ist weiter vorangeschritten, der andere möglicherweise gerade auf einem Umweg, und der nächste ist in einer Sackgasse stecken geblieben oder noch am Anfang. Deswegen werfen Sie niemals den ersten Stein!

Ein jeder hat seinen Weg und ein jeder benötigt seine Zeit und seine Erfahrungen. Manch einem reicht eine negative Erfahrung aus und er lernt dadurch, ein anderer probiert es noch ein zweites Mal, der nächste benötigt hingegen den finalen Tritt, um endlich aus dieser Situation zu lernen und manch einer lernt es nie. Jeder Mensch ist verschieden. Jeder Mensch hat sein individuelles Lernverhalten, Erwachsene ebenso wie Kinder.

Diese Lernprozesse erscheinen uns bei außen stehenden Menschen deutlicher als bei uns. Wir können beobachten, wie sich ein bestimmtes Lebensmuster immer wieder ergibt und um Lösung des Problems und eine Richtungsänderung des Lebensweges bittet.

Dafür können wir niemanden verurteilen. Jeder lernt mit seiner Geschwindigkeit. Jeder Mensch bringt andere Grundvoraussetzungen mit.
Viele Menschen sind auf der Suche nach äußerer Bestätigung und Anerkennung und werden abhängig davon ihre weiteren zukunftsprägenden Gedanken senden und die darauf folgenden Gefühle und Situationen anziehen. Vergleichen wir uns mit diesem Menschen, wird er sich womöglich noch schlechter fühlen, weil wir bei unserem Vergleich seine positiven Eigenschaften außer Acht gelassen haben.

Vielleicht halten wir uns für klüger, doch er ist liebevoller!
Vielleicht halten wir uns für schöner, doch er ist intelligenter!
Vielleicht halten wir uns für besser, doch er ist zufriedener!

Vielleicht halten wir uns für entspannter, doch er muss für das gleiche Geld doppelt so hart arbeiten!

Unlängst war ich zu einer netten kleinen Feier eingeladen. Es herrschte ein liebevolles Ambiente. Die Gastgeber hatten sich große Mühe gegeben und viele angenehme Leute waren ebenfalls dort. Leider kam kein vernünftiges Gespräch zustande. Ein Partygast musste sich lautstark mitteilen. Er profilierte sich durch die vermeintlichen Fehler und Schwächen anderer Gäste und machte Personen schlecht, die nicht anwesenden waren. Er verurteilte Leute für ihr Verhalten und ihre Art zu denken.

Er erzählte Anekdoten aus früheren Zeiten („Weißt du noch...?), bei denen er als Held dastand und die anderen Personen als Verlierer. Ich kann nicht sagen, ob dieser Mensch besonders arrogant und selbstverliebt ist, oder ob er im Grunde seines Herzens voller Selbstzweifel steckt. Fest steht, dass er versuchte, sich durch die Vergleiche mit anderen Personen besser darzustellen. Die restlichen Anwesenden der Party hatten jedoch mit der Darstellungssucht dieser Person nicht viel am Hut. Wer will schon permanent in die Pfanne gehauen werden?

Erst nachdem diese Person gegangen war, fand eine anregende Unterhaltung zwischen den restlichen Gästen statt, und es wurde noch ein sehr schöner, urteilsfreier Abend.

Jedem Urteil geht demzufolge ein Vergleich voraus, doch jeder Vergleich hinkt. Denn aufgrund der Verschiedenheit der einzelnen Menschen haben wir verschiedene Fähigkeiten, Fertigkeiten und Ziele. Wir denken verschieden, haben unterschiedliche Vorerfahrungen und ziehen unterschiedliche Situationen, Personen und Probleme in unser Leben. Aus diesem Grund bedenken Sie bitte: Jeder ist auf seinem Weg!

Wir können weder den Schläger verurteilen, noch die geschlagene Frau. Sie haben sich unweigerlich per Resonanz angezogen. Wir sollten aber fest darauf vertrauen, dass auch diese Menschen lernfähig sind und sich ändern können. Lässt die Frau sich nicht mehr schlagen (*Übrigens ein untrügliches Zeichen dafür, dass sie sich - bewusst oder unbewusst - selbst verurteilt und verbal züchtigt: „Ich bin eben zu nichts zu gebrauchen!" / „Mit mir kann er es ja machen!"*), wird der schlagende Mann plötzlich keine Resonanz mehr bei ihr finden, und hoffentlich ebenfalls dazulernen. Ansonsten wird er sich eine neue Partnerin suchen müssen, die diese Eigenart wiederum anzieht.

Urteilen Sie möglichst über niemanden. Lassen Sie Vergleiche. Sie kennen weder die genauen Lebensumstände noch die familiären Prägungen dieser Person. Auch das typische Lästern über Mitmenschen fällt unter diese Kategorie. Eine alte Indianerweisheit fasst es in diese Worte: „Urteile nicht über einen anderen, bevor du nicht einen Mond lang in seinen Mokassins gegangen bist."

Man könnte sagen: „Leben und leben lassen!"
So ist die Kollegin, die stets und ständig etwas auszusetzen hat, vielleicht mit sich selbst so unzufrieden, dass sie auch an allen anderen kein gutes Haar lassen kann?
So hat der Mensch, den Sie wegen eines finanziellen Vergehens verurteilen möchten, vielleicht das Geld für ein Hilfsprojekt oder eine Operation verwendet?
So kümmert sich die schöne, beneidenswerte Kollegin vielleicht aufopferungsvoll um ihre schwerkranke Schwiegermutter?
So ist der Schüler, der nicht mitarbeitet und im Unterricht träumt vielleicht in der Nacht den häufigen lautstarken Streitereien seiner Eltern ausgesetzt?

Kommen Sie in Kontakt mit ihren Mitmenschen und hören Sie sich an, was diese zu sagen haben. Kommunizieren Sie miteinander. Gerade Menschen, die bei Ihren Vergleichen nicht mithalten können, sind oft in der Lage, Ihnen spannende und ungeahnte Hintergründe zu schildern. Es ist an Ihnen, Ihr Denken und Fühlen bezüglich dieser Person und Ihres Resonanzthemas zu diesem Menschen zu verändern. Erkennen Sie in Ihren Mitmenschen, Kollegen oder Schülern deren positive Seiten. Richten Sie Ihre Aufmerksamkeit darauf, und Sie werden bemerken wie sich die guten Dinge nach und nach verstärken.

*****

Um der Verurteilung vorzubeugen, ist es wichtig, Empathie und Einfühlungsvermögen zu entwickeln. Je nach Entwicklung der Kinder können sie bei Rollenspielen oder dem Spielen mit Puppen die Rollen nachahmen oder ausgestalten (vgl. „role taking" und „role making" nach Mead) und sich in bestimmte Gegebenheiten und Personen hineinversetzen.
Hierfür können auch kleine Sketche oder Geschichten nachgespielt werden. Hinterfragen Sie im Anschluss: Wieso könnte sich derjenige so verhalten haben? Die Kinder können dadurch Verständnis für das Verhalten anderer Menschen entwickeln. Sie sollten jedoch lernen, dass es sich beim Verständnis nicht darum handelt, ALLES gut zu finden, sondern die Situation vorurteilsfrei zu hinterfragen.

Bei Gesprächen im Morgenkreis oder im Klassenrat klingen immer wieder Themen an, die nicht gefallen haben. Jemand hat etwas Bestimmtes gesagt oder getan. Es bietet sich an, dass die Kinder hinterfragen, wieso das so war. Was hat derjenige sich dabei gedacht? Manchmal lassen sich dadurch Missverständnisse aufdecken, die schnell aus der Welt zu schaffen sind.

So biss ein 4-jähriger Junge in einer Kindergartengruppe die anderen Kinder. Er wurde natürlich ausgeschimpft. Als schließlich nach dem Grund gefragt wurde, stellte sich heraus, dass der Junge vom Sternzeichen „Löwe" ist. Dies hatte er inzwischen gelernt und da dachte er sich: Löwen beißen nun mal. Nach einem klärenden Gespräch biss der Junge nie wieder.

Affirmationen:
- Ich denke liebevoll und in Harmonie an meine Mitmenschen.
- Ich erkenne an, dass ein jeder auf seinem eigenen Lebensweg ist.
- Ich habe erkannt, dass alles im Universum zusammengehört und sich bedingt.

f) Der Ärger

> An seinem Ärger festzuhalten ist genauso
> wie eine glühende Kohle in die Hand zu nehmen,
> um sie nach jemandem zu werfen;
> du bist derjenige, der sich verbrennt.
> (Siddharta Gautama Buddha)

Ärgern kann ich mich entweder über mich selbst oder über andere Personen und Begebenheiten.

Ärger entsteht vor allem dadurch, dass eine Erwartungshaltung nicht erfüllt wurde. Ich hatte eine bestimmte Erwartung an mich, eine andere Person oder diese Situation - und es kam völlig anders. Ebenso verhält es sich mit der Enttäuschung. Sie entsteht, weil die Täuschung ein Ende hat.

Ich habe mich **ge**täuscht, von mir oder einer Person etwas Bestimmtes erwartet, plötzlich geschah das Unerwartete und ich bin **ent**täuscht. Ist dieses Unerwartete schwerwiegender und nicht zufrieden stellend, ärgern wir uns. Grundsätzlich wird dieser Ärger von negativen Emotionen wie Unzufriedenheit, Neid oder Eifersucht begleitet und kann schließlich in Wut und Hass gipfeln. Doch was geschieht dann? Sie können es sich denken; wieder wird eine Negativspirale in Gang gesetzt.

Wenn Sie sich über sich selbst ärgern, ist es häufig ein Anzeichen von zu hoher Erwartungshaltung und Perfektionismus. Sie wollen Ihre Sachen perfekt machen und verdecken damit negative Gefühle der Wertlosigkeit, der Unsicherheit, der Einsamkeit, der Hilflosigkeit oder der tiefen Verletztheit. Das Selbstwertgefühl bedarf einiger Streicheleinheiten.

Genügt das Ergebnis Ihrer Arbeit schlussendlich Ihren Ansprüchen nicht, sind Sie ärgerlich auf sich selbst. Genügt das Ergebnis den Ansprüchen anderer Personen nicht, sind Sie über diese Personen verärgert. Verärgert darüber, dass Ihre Arbeit nicht hinreichend anerkannt und gelobt wurde; dass die andere Person ihre Arbeit nicht ordentlich oder schnell genug erledigt hat; dass die Person andere/eigene Vorstellungen hat und diese durchsetzen will. Möglichkeiten gibt es viele. Gefährlich ist, dass die Gedanken und Gefühle die Sie in Situationen des Ärgers hegen, noch mehr Ärger erzeugen.

Der erste Schritt zu einer Veränderung wäre, in sich hineinzuhorchen, das aufkeimende Gefühl wahrzunehmen und zu hinterfragen, woher der Ärger kommt. Im Anschluss ist ein Gespräch mit der betreffenden Person sinnvoll.

Des Öfteren werden Missverständnisse hervortreten, die Sie aus dem Weg räumen können oder die sich nach einem Gespräch tolerieren lassen. Aber was, wenn der Ärger nicht verraucht, sondern sich weiterhin tief in Ihr Wesen hineinfrisst? Was geschieht dann? Verbessert sich Ihre Situation oder das Ergebnis durch den Ärger? Haben Sie durch den Ärger etwa einen klaren Kopf und können bessere Entscheidungen treffen?

Der Bummelant im Auto vor uns denkt nicht daran, uns zu ärgern! Das ist allein unsere Wahrnehmung. Es sind unsere Gedanken und daraus bedingt unser Gefühl, welches wir aktiv beeinflussen können. Und was, wenn niemand da ist, mit dem Sie über Ihren Ärger reden können? Wenn Sie sich über sich selbst ärgern oder wenn die Person, über die Sie sich ärgern, nicht da ist.

Da ich über etliche Jahre eine zum Teil recht weite und zeitintensive Fahrtätigkeit hatte, bin ich zwangsläufig im Laufe der Fahrten auf viele bummelnde Autofahrer gestoßen. Und natürlich nicht zum Feierabend, wenn ich Zeit gehabt hätte, sondern morgens, wenn ich pünktlich zu erscheinen hatte. In den Anfangszeiten konnte mir so ein knappes Rennen mit der Zeit schon mal den Tag verderben. Doch wieso sollte ich mich den ganzen Tag darüber ärgern, dass dieser Mensch im Schneckentempo gefahren ist. Ich würde ihn vermutlich nie wieder sehen und er würde nie erfahren, dass er meinen Tag dermaßen beeinträchtigt hatte.

Versuchen Sie, sich nicht zu ärgern. Und schon gar nicht über Dinge, die Sie sowieso nicht ändern können. Ärger macht Sie krank. Ihre ärgerlichen Gedanken zerfressen Ihren inneren Frieden und Ihren Körper, und sie produzieren reichlich unangenehme Gefühle. Wer will das schon?

Versuchen Sie ruhig zu bleiben und suchen Sie sich Sätze, die Sie in solchen Situationen mehrmals ruhig vor sich hin sagen oder, je nach Situation, denken können. Besonders bewährt haben sich „Friede sei mit dir!" oder „Gott segne dich!"

*****

Besprechen Sie mit den Kindern das Gefühl des Ärgers und spüren Sie mit ihnen, wie es sich anfühlt. Wo sitzt der Ärger im Körper? Wie würden sie ihr Gefühl beschreiben? Worüber ärgern sich die Kinder? Wie verhalten sie sich, wenn sie sich ärgern? Wie lassen sie ihren Ärger aus sich heraus? Atmen Sie anschließend gemeinsam mit ihnen mehrmals ruhig und gleichmäßig. Atmen Sie dabei tief ein und aus. Stellen Sie sich vor, wie mit jedem Ausatmen der Ärger förmlich ausgepustet wird und sich in Luft auflöst.

Zur Verdeutlichung können die Kinder den Ärger auch in einen Luftballon hineinblasen, welcher anschließend verschlossen wird. Dazu können Sie sich Stichpunkte über den jeweiligen Ärger des betreffenden Kindes machen. Im Verlauf einer Woche (eines Monats) können die Kinder ihre Luftballons beobachten und zusehen, wie diese kleiner werden und sich der darin enthaltene Ärger auflöst.
Werten Sie anschließend mit den Kindern aus, wie sie sich fühlen: Sind sie über die Situation noch verärgert? Hat ihnen der gefühlte Ärger bei der Lösung des Problems geholfen?

Affirmationen:
- Ich strahle Freude aus und teile dieses Gefühl mit meiner Umgebung.
- Ich genieße jeden Moment und lasse Unerwartetes freudig zu.
- Ich führe ein friedfertiges und harmonisches Leben.

143

Die Liebe als wichtigste Emotion

> Liebe allein versteht das Geheimnis,
> andere zu beschenken
> und dabei selbst reich zu werden.
> (Clemens von Brentano)

Von einigen großen Gelehrten wurde die Resonanz als das „Gesetz der Liebe" bezeichnet. Es erklärt sich von selbst, dass jemand, der von liebevollen Gedanken erfüllt ist, unmöglich negative Frequenzen auszusenden vermag. Ist ein Mensch von Liebe durchflutet, kann er nicht schlecht über jemanden anderes denken. Es kommt ihm gar nicht in den Sinn. Machen wir uns also auf den Weg und lassen wir uns ein, auf die heilende Kraft der Liebe!

Die Liebe setzt nahezu unbegrenzte Frequenzen frei und ist in der Lage, unseren emotionalen Hunger gänzlich zu stillen. Ein Hunger, der sich in der Suche nach Anerkennung, Geborgenheit und Nähe äußert und der leider des Öfteren in einer verheerenden Sucht endet.

In dem Buch „The Secret" von Rhonda Byrne steht so wundervoll geschrieben: „Das Gefühl der Liebe ist die höchste Frequenz, die sie aussenden können." Rosenstolz singt für uns: „Liebe ist Alles" und die großen Persönlichkeiten der letzten Jahrhunderte gelangten zu dem Schluss, dass: „nur ein liebendes Herz ein frohes Herz ist", so die Heilige Mutter Teresa.

Lassen Sie uns froh sein, froh und munter, lassen Sie uns von nun an reichlich Liebe verschenken. Lieben wir doch endlich wieder!

Und das Schönste daran ist: mit der Liebe können wir besonders verschwenderisch umgehen, denn umso mehr wir bereitwillig geben, umso mehr wird von dieser Liebe wieder in unser Leben zurückkehren. Auch hier wirkt das Gesetz der Anziehung. Viele weitere liebevolle und liebenswerte Menschen werden daraufhin in unser Leben treten und es unglaublich bereichern.

Wir sollten damit anfangen, die kleinen Dinge unseres Lebens zu lieben und unsere Liebe reichhaltig an unser Umfeld zu verschenken. Überschäumende Liebe verschwenden an Pflanzen und Tiere, an den strahlenden Sonnenschein, an all die schönen Situationen, an angenehme Musik, an die vielen wundervollen Menschen und natürlich an den wunderbarsten Menschen überhaupt - an uns. Oftmals vergessen wir, wie wichtig es ist, uns selbst zu lieben.

Genau das lehrt uns schon die Bibel. Immer wieder erinnert sie uns an diese wichtige Botschaft:
Du sollst deinen Nächsten lieben wie dich selbst; denn ich bin der HERR. (3. Mose 19.18)
Du sollst deinen Nächsten lieben wie dich selbst. (Matthäus 19.19)
So ihr das königliche Gesetz erfüllet nach der Schrift: "Liebe deinen Nächsten wie dich selbst," so tut ihr wohl; (Jakobus 2.8)
Denn alle Gesetze werden in einem Wort erfüllt, in dem: "Liebe deinen Nächsten wie dich selbst." (Galater 5.14)
"Du sollst deinen Nächsten lieben wie dich selbst." Es ist kein anderes Gebot größer denn dieses. (Markus 12.31)

Die empfohlene Selbstliebe der Bibel hat jedoch nichts mit purem Egoismus zu tun. Gerade feinfühlige und unsichere Menschen lehnen es oft ab, sich selbst zu lieben.

Sie haben das Gefühl, sich nicht lieben zu dürfen. Vielleicht haben sie das von Kindesbeinen an beigebracht bekommen. Sie denken deshalb, dass es egoistisch wäre, sich selbst zu lieben, doch das ist falsch!

Nur wenn ich mich mit all meinen Fähigkeiten und meinen vermeintlichen Schwächen lieben kann, bin ich in der Lage, anderen Menschen vom Grunde meines Herzens mit Liebe und Toleranz zu begegnen. Alles andere ist eine scheinheilige und vorgetäuschte Liebe auf der Suche nach Anerkennung und Bestätigung.

Manche Menschen müssen es erst wieder üben, andere müssen erlernen, wie es sich anfühlt, sich selbst zu lieben. Jahrelang war dieses Gefühl bei vielen von uns unter Groll, Verachtung, Angst oder Zweifeln versteckt. Sollten Sie zu diesen Menschen gehören, versuchen Sie, das Gefühl der Liebe zu empfinden, indem Sie an ein besonderes Erfolgserlebnis denken.

> Niemand rettet uns außer wir selbst.
> Niemand kann und niemand darf das.
> Wir müssen selbst den Weg gehen.
> (Siddharta Gautama Buddha)

Wenn Sie mit dieser Übung große Schwierigkeiten haben, bietet es sich an, sich die eigenen Fähigkeiten vor Augen zu halten. Gestehen Sie sich ein, was Sie gut können. Schreiben Sie es auf. Auch wenn es in Ihren Augen „nur" normale und banale Dinge sind wie: „Ich kann gute Lasagne kochen." Vielleicht lieben Ihre Kinder Ihre fantastische Lasagne und fühlen sich angenehm geborgen und geliebt, wenn Sie Ihre Lasagne zaubern.

Fragen Sie eventuell die Menschen Ihres Umfeldes, was diese besonders an Ihnen schätzen oder was sie für Ihre Stärken halten. Oftmals sind es die kleinen Schwächen, die man an sich bemängelt. Doch plötzlich wird mein empfundenes Makel: „Ich bin zu ruhig." zu einem: „Ich finde es total schön, dass ich mit dir in Ruhe reden kann. Ich schätze deine ruhige Art."

Schreiben Sie sich diese Dinge auf schönes Papier, in Ihr Tagebuch oder gestalten Sie die Stichpunkte/Sätze als eine bunte, freudige Collage. Lesen Sie sich Ihre guten Eigenschaften immer wieder durch. Nutzen Sie diese als positive Verstärker für Ihr Selbstwertgefühl und Ihre Selbstliebe. Vervollständigen Sie die Liste, sobald Ihnen etwas Neues einfällt oder gesagt wird!
Wenn Sie bewusst auf Ihre Mitmenschen hören, bekommen Sie zusätzlich wertvolle Informationen über Ihre Außenwirkung mitgeteilt, die Sie für Ihre Arbeit und Ihren Lebensrichtungswechsel gut gebrauchen können.
Entdecken Sie dieses Gefühl der Selbstliebe/der Liebe, tief in Ihrem Innersten. Locken Sie es bewusst hervor. Genießen sie es ausführlich und bewahren Sie sich anschließend dieses liebevolle Gefühl.

Als ich vor etlichen Jahren auf einer Kur die Aufgabe gestellt bekam, mir für jede gute Eigenschaft einen Stein aus der Mitte des Sitzkreises zu nehmen, war ich nicht in der Lage, mir einen einzigen Stein zu holen...
Inzwischen kann ich mir voll Selbstvertrauen mehrere Steine nehmen und bin stolz auf meine Talente und positiven Eigenschaften. Und ich habe es gelernt, mich selbst zu lieben.

Jedes Mal, wenn sich in Ihrem Leben Unzufriedenheit oder Unsicherheit einstellen wollen, besinnen Sie sich auf das tiefe Gefühl der Liebe in Ihrem Innern und fühlen Sie sich erneut in dieses wundervolle Gefühl hinein. Lassen Sie es zu, dass die Liebe Ihr Herz berührt und Ihre alten Wunden heilt.

Alle Traditionen sind sich darüber einig, dass die Liebe die wertvollste und wirkungsvollste Macht in unserem Universum ist. Ihre Kraft ist grenzenlos. Sie vermag zerstrittene Personen miteinander zu verbinden; körperliche, seelische oder geistige Krankheiten zu heilen und sogar Menschen von Schwermut oder tief sitzender Boshaftigkeit zu befreien.

Dies ist besonders schön in dem Buch „Der kleine Lord" von Frances Hodgson Burnett (1886) nachzulesen. Der kleine herzensgute Lord Fauntleroy bezaubert seinen bis dahin sturen und lieblosen Großvater, den Earl of Dorincourt, mit seiner unvoreingenommenen reinen Kinderliebe und lässt diesen gefühlskalten Mann allmählich zu einem besseren und mitfühlenden Menschen werden.

Dieses gefühlvolle Buch ist ebenfalls als Hörbuch oder Literaturverfilmung erhältlich und es ist in meinen Augen eine große Bereicherung nicht nur für jede Schulbibliothek sondern auch für die Sozialkompetenzen unserer Schüler. Es ist eine Geschichte, die den Leser mit der umwandelnden Kraft der Liebe bekannt macht und dabei die persönlichen Ansichten und Einstellungen des Einzelnen zu verändern vermag.

Sie werden erleben, dass mit dem aktivierten Gefühl der Liebe großartige Verwandlungen in Ihr Leben treten werden. Manche Menschen sind nach langer Zeit endlich bereit, zu vergeben, andere werden dem Leben und den Mitmenschen gegenüber wieder dankbar und erkennen endlich einen tieferen Sinn in ihrem Leben.

Und einige Personen erkennen mit leuchtenden Augen ihren eigenen Wert und beginnen ein neues Leben voll Selbstachtung und Zuversicht.

Es werden viele Veränderungen kommen, doch alle führen zum Besseren; denn die Veränderung wird mit Liebe einhergehen. Liebe ist der einzige Weg. Liebe ist die einzige Antwort. So lasse diese sanfte Energie in dein Herz strömen, ohne feste Form, ohne klare Erwartungen. Lasse die Gefühle kommen und lasse sie gehen. Lasse dich von der Liebe zu dir selbst tragen. Nimm dir Zeit, Dich selbst zu fühlen, und spüre diesem Gefühl, du selbst zu sein, intensiv nach.

(Karina Wagner in „Liebe ist der Weg ins Licht")

*****

Gerade als Pädagogen können und sollten wir reichlich Liebe an die uns anvertrauten Kinder „verschwenden". Denn wie sagte schon der große deutsche Dichter Johann Wolfgang von Goethe: „Überall lernt man nur von dem, den man liebt."

Zur Stärkung des Selbstwertgefühls und der Selbstliebe können Sie die folgende Übungen mit Kindern machen. Es ist dabei egal ob sie noch klein und in der Kindertagesstätte oder schon größer und in der Schule sind.

Möglich wäre, im Morgenkreis oder beim Klassenrat eine Lobrunde zu inszenieren. Die Kinder der Gruppe/Klasse sollen zu jedem anderen Kind wenigstens eine positive Eigenschaft finden und diese benennen.
Wenn Ihre Kinder schreiben können, teilen Sie vorbereitete Blätter an die Schüler aus. Auf jedem Blatt stehen alle Namen der Klassenkameraden.

149

Nun sollen die Kinder hinter ihren Namen mit roter Farbe schreiben, was sie besonders gut können. Anschließend schreiben sie mit blauer Farbe hinter die Namen der Mitschüler ebenfalls etwas Positives.

Ich hatte einmal zwei Mädchen in der Klasse, die sich nicht ausstehen konnten. Bei dieser Übung schrieb eine über die andere: „Sie hat so schöne lange Haare!" Auch dabei handelte es sich um eine wunderschöne, positive Bestätigung von ihrer Rivalin.

Einigen Sie sich vorher, ob jeder Schüler seine Stichpunkte laut vorlesen möchte, oder ob Sie ohne Nennung des Aufschreibenden die Stichpunkte vortragen sollen. Wenn Sie die Zeit finden, wäre es schön, wenn Sie für jeden Schüler die einzelnen positiven Stichpunkte als einen aufmunternden Brief zusammenfassen können.

Eine weitere schöne Übung ist das „Glas voller Liebe". Hierbei beschriften Sie mit den Kindern kleine bunte Zettelchen mit den Worten: „Ich hab dich so lieb, weil … ." Natürlich können die Kinder auch Bilder dazu malen. Im Anschluss werden diese Zettel, Bilder und passende Fotos in ein Glas gegeben, zugeschraubt und mit einem hübschen Stoffdeckel versehen. Nun können die Kinder diese „Gläser voller Liebe" an die dafür bestimmten Personen verschenken.

Affirmationen:

- Ich erkenne an, dass ich ein liebenswerter und liebevoller Mensch bin.
- Ich liebe mich - so wie ich bin!
- Ich liebe meinen Nächsten ebenso sehr wie mich selbst.

Von Herzen kommende Dankbarkeit

> Und ich glaube ehrlich, dass Dankbarkeit das wirksamste
> Mittel ist, das uns zur Verfügung steht,
> um die Opfermentalität völlig zu vermeiden,
> um das Glas halbvoll statt halbleer zu sehen,
> um unsere Freude intakt zu halten.
> (Pierre Pradervand)

Hiermit sind nicht die beiden Worte „Bitte" und „Danke" an sich gemeint, denn dabei handelt es sich häufig um reine Höflichkeitsformen.

Mit der von Herzen kommenden Dankbarkeit meine ich ein Gefühl. Ein Gefühl, welches tief aus unseren Herzen kommt. Ein Gefühl, welches wir demjenigen entgegenbringen, der unser krankes Kind geheilt hat, demjenigen, der uns vor einem großen Unglück bewahrt hat oder demjenigen, der uns einen lang ersehnten Herzenswunsch erfüllen konnte. Wir können die Dankbarkeit also fühlen.

Leider zeigen uns immer wieder negative Sätze wie: „Undank ist der Welten Lohn." sehr deutlich, wie weit die Gesinnung vieler Menschen der materiellen Welt gesunken ist. Undankbare Menschen sind unzufriedene Menschen. Diese fatalen Glaubensgrundsätze sollten deshalb schleunigst durch positive Denkweisen ersetzt werden!!!

Denn dankbar können wir für so vieles sein. Jeder Mensch auf der Welt hat etwas, wofür er dankbar sein kann und sein sollte. Für große, umwälzende Geschehnisse, aber auch für ganz kleine, alltägliche Dinge. Überlegen Sie einmal, wann Sie das letzte Mal bewusst Dankbarkeit verspürt haben?

Überlegen Sie anschließend, wie viele Dinge, Ereignisse oder Personen Ihnen spontan einfallen, um tiefe Dankbarkeit zu empfinden. Wofür können Sie alles dankbar sein?

Wenn Sie mögen, setzen Sie sich hin und schreiben Sie diese Überlegungen auf. So können Sie sich gleichzeitig einen Stimmungsaufheller für trübe Tage bereiten, den Sie dann wieder und wieder lesen und in sich erfühlen können.

> *Ich bin dankbar darüber / dafür, dass …*
>
> *…ich gesund bin, meine Familienmitglieder gesund sind, ich eine liebevolle Familie habe, ich von meinen Kollegen unterstützt werde, ich eine feste Anstellung habe, ich eine tolle Klasse habe, ich hilfreiche Elternsprecher habe…*
>
> *Lieber Gott / liebes Universum… ich danke dir!*

*Ich persönlich habe vor etlichen Jahren damit begonnen, mich abends in Ruhe mit meinem Sohn ins Bett zu setzen und „**5 schöne Dinge**" des Tages aufzuzählen. 5 schöne Dinge, für die wir dankbar sein können. Einer nach dem andern zählt 5 Dinge auf, die ihm an diesem Tag besonders gut gefallen haben. Meist geht es ziemlich schnell, doch manchmal muss man genauer überlegen oder an besondere Dinge erinnert werden. An solchen Tagen können wir dann dankbar sein für den Sonnenschein oder für (uns) alltägliche Dinge wie ausreichendes oder schönes Essen. In unsere „5 schönen Dinge" wurden nach und nach auch abendliche Besucher einbezogen, sodass inzwischen unsere Familie und unsere Freunde dieses Ritual kennen und bei Gelegenheit gern an dieser Abendrunde teilnehmen.*

Zusätzlich wenden wir durch solche Übungen den Blickwinkel und die Gedanken der Kinder und ebenso unsere eigenen auf die positiven Dinge des Lebens und somit in die positive Richtung. Und mehr positive Gedanken bedeuten positive Resonanz und mehr Wohlgefühl. Denn mit unserem herzlichen Dank senden wir ebenfalls unsere positiven, liebevollen Gedanken ins Universum aus.

Dabei wirkt dieser von Herzen kommende Dank als Verstärker und wir ziehen ganz nebenbei *verstärkt* die Dinge an, für die wir dankbar sind und dies durch Gedanken, Worte und Taten kundtun.

Mit einer liebevollen Einstellung und unserem herzlichen Gefühl der Dankbarkeit ist es uns möglich, Familie, Freunde, Kinder und alle anderen Menschen zu erfreuen, indem wir uns bei ihnen für liebe Worte, nette Gesten und schöne Dinge bedanken.

Wir zaubern mit diesem ehrlichen „Dankeschön" Freude in die Gesichter unserer Mitmenschen und beglücken ihren Tag. Und bei so viel Dankbarkeit werden sie gerne wieder nett und freigiebig zu anderen Menschen sein, da sie wissen, es wird ihnen gedankt.

Vielleicht haben Sie jetzt Lust bekommen, sich zu bedanken und schreiben eine kleine Dankeskarte oder verschenken Dankespralinen. Eine wunderschöne Anregung sind die seit Jahren liebevoll gestalteten Werbespots einer Pralinenmarke. Was auch immer Sie tun werden, wichtig ist, dass Ihr Dank tief aus Ihrem Herzen kommt.

> Ein dankbarer Geist ist ein großer Geist,
> der schließlich große Dinge an sich zieht.
> (Platon)

Erinnern Sie sich einmal daran, wie es war, als sich jemand bei Ihnen bedankte. Wie fühlte es sich an? Konnten Sie den Dank freudig annehmen, oder war es Ihnen unangenehm? Reagierten Sie womöglich mit einem: „Ach dafür doch nicht!" oder: „Das war doch nichts Besonderes!" und haben somit den Dank wieder von sich gewiesen?

Lernen Sie, den Dank, der Ihnen entgegengebracht wird, anzunehmen. Wenn Sie jemandem Gutes getan haben, darf sich derjenige bedanken! Er möchte für Ihre Hilfe „Danke" sagen. Es ist ein Zeichen, dass derjenige Ihren Einsatz zu schätzen weiß und nicht als gegeben und selbstverständlich hinnimmt. Freuen Sie sich über diesen Dank. Es gibt viele Menschen, denen es erheblich schwerer fällt, Dank anzunehmen, als sich selbst zu bedanken. Wenn also das nächste Mal eine Person vor Ihnen steht und sich bei Ihnen bedanken möchte, versuchen Sie eine neue Variante: Zeigen Sie Ihr schönstes Lächeln und antworten Sie: „Gern geschehen!"

✶✶✶✶✶

Hierfür gibt es wundervolle Übungen für unsere Kinder, egal ob sie noch klein und in der Kindertagesstätte oder schon größer und in der Schule sind, denn die Dankbarkeit für schöne/angenehme Dinge können sie nicht früh genug erlernen. Vielleicht bietet sich als Einstand für solch eine Dankbarkeitsübung ein geplantes Erntedankfest an?

Möglich wäre hier, ein Gespräch im Morgenkreis oder beim Klassenrat zu inszenieren. Auch ein kleines Bild oder ein kurzer Aufsatz zum Thema: „Ich bin so dankbar darüber/ dafür, dass …!" kann von den Schülern gestaltet oder geschrieben werden.

Um die zum Teil ausufernden kreativen Überlegungen der Kinder ein wenig zu lenken, können Sie ein Unterthema vorgeben. „Ich bin so dankbar dafür, dass ich in den Ferien ... erleben durfte."

Sie können mit den Kindern überlegen, welcher Person Sie eine Dankespostkarte basteln, schreiben und überreichen möchten. Gestalten Sie diese Karte und verfassen Sie entsprechende Dankestexte für die jeweilige Person. Mögliche Anlässe für Dankeskarten bieten Mutter- und Vatertag. Sicher finden Sie noch weitere Gelegenheiten hierfür.

Oder überlegen und lernen Sie gemeinsam mit den Schülern, wie das Wort „Danke" in anderen Sprachen heißt. Sie können mit diesen Worten ein großes Plakat für ihren Raum gestalten und haben so die Dankbarkeit und die damit verbundenen positiven Gedanken und Energien immer um sich und vor Augen.

Affirmationen:

- Ich bin dankbar für diesen wunderbaren neuen Tag randvoll mit neuen Erfahrungen.
- Ich bin von Herzen dankbar dafür, dass ich aus diesen Erfahrungen lernen darf.
- Ich bin so dankbar für mein großartiges Leben, das Leben meiner Familie und das meiner Freunde.

155

Ihr persönliches Wohl*gefühl*

Wer nicht für sich selber sorgt, wird mit seiner Sorge
für die anderen keinen Segen bringen.
(Bernhard von Clairvaux)

Wichtig ist es für Sie vor allem, für sich selbst zu sorgen, um
mit Ihrem Wohlbefinden zugänglicher für positive Gedanken
und Erfahrungen zu sein. Nur dann können Sie diese auch an
Ihr Umfeld weitergeben. Doch mitunter ist es gar nicht so
einfach, von seinen negativen Gedanken und Gefühlen „per
Knopfdruck" auf positive Gedanken und Gefühle umzustellen.
Es bedarf oftmals ein wenig Übung, dann funktioniert es
wirklich prima.

Bei der Umstellung können uns unsere ganz persönlichen
Stimmungsaufheller oder Wohlfühlfaktoren helfen. Hierbei
ist jeder Leser selbst gefragt, denn jeder Mensch hat seine
eigenen Wohlfühlfaktoren. Was bei einem von uns ein
Wohlgefühl auslöst, kann für den Nächsten durchaus
unangenehm sein.

Sie werden weiterhin bemerken, dass nicht jeder
Wohlfühlfaktor zu jedem Zeitpunkt angenehme Gefühle
verursacht. Es kann sein, dass Sie in einem erregten Zustand
äußerst unangenehme Gefühle bekommen, wenn Sie eine
Entspannungsübung durchführen oder Meditationsmusik
hören. Ebenso kann fröhliche Musik im falschen Moment
ungewollte, negative Gefühle hervorrufen. Achten Sie
deshalb gut auf sich und Ihre persönlichen Empfindungen.
Seien Sie liebevoll zu sich und hören Sie auf Ihr Unterbewusstsein, es wird Ihnen den richtigen Stimmungsaufheller
nennen.

Dabei ist es völlig egal, ob Sie von Ihrem Umfeld verstanden werden oder ob Ihre Freundin den Kopf schüttelt, weil sie der Meinung ist, dass „Wellness" heute genau das Richtige für Sie wäre. Wenn Sie der Meinung sind, das Ihnen etwas in diesem Moment nicht gut tut, lassen Sie die Finger davon! Verbringen Sie Ihre Zeit so oft wie möglich mit Dingen, die Ihnen Freude bringen und Ihr Wohlbefinden steigern.

Um Ihnen die Auswahl ein wenig zu erleichtern, kann ich Ihnen hier eine grobe Liste von möglichen Stimmungsaufhellern anbieten. Die Feinabstimmung sollten Sie selbst übernehmen, denn niemand kennt Sie so gut wie Sie. Horchen Sie behutsam in sich hinein und notieren Sie sich jene Dinge und Umstände, die Ihnen gut tun und bei denen sich ein positives Gefühl bei Ihnen einstellt.

Notieren Sie sich Ihre Wohlfühlfaktoren und verwahren Sie diese Wohlfühlliste an einem persönlichen Ort auf. So sind Sie jederzeit in der Lage - auch in besonders schwierigen oder unangenehmen Momenten Ihres Lebens - auf diese Wohlfühlfaktoren zurückzugreifen oder an diese erinnert zu werden, selbst wenn Ihnen Ihr persönlicher Erinnerungszugang durch unangenehme Gedanken und Gefühle zeitweilig von Ihrem Kopf verwehrt wird.

Einige der aufgeführten Wohlfühlfaktoren werden Ihnen banal erscheinen, doch ich habe sie extra aufgeführt, weil Sie in einem Zustand der tiefen Enttäuschung oder Unzufriedenheit zum Teil keinen Zugriff mehr auf die einfachsten Stimmungsverbesserer besitzen.

Wohlfühlfaktoren

Ausmisten

> Das Leben der meisten Menschen läuft besser,
> wenn sie wissen, wo sie etwas finden können.
> (Karen Kingston)

Schaffen Sie Platz für Ihr neues Leben! Räumen Sie Ihre Wohnung, Ihr Haus, Ihre Gartenlaube oder Ihre Garage bis in die kleinste Ecke auf und misten Sie dabei ordentlich aus. Schmeißen Sie nicht nur all die negativen Gedanken aus Ihrem Kopf heraus, sondern entsorgen Sie auch die Dinge aus Ihrer Wohnung, die Sie an unangenehme Erlebnisse oder Personen erinnern oder die in Ihnen ein unangenehmes Gefühl auslösen.

Dazu gehören in jedem Fall alle abgestorbenen Gegenstände wie Trockensträuße oder Tierpräparate. Selbst wenn Ihnen das Loslassen bestimmter Dinge aus unerklärlichen Gründen wehtut, verzichten Sie nicht darauf. Räumen Sie diese negativen Gegenstände weg. Auch das gehört zu Ihrem inneren Reinigungsprozess! Loslassen lernen!

Krempeln Sie sich bitte nicht mit traurigen Erinnerungen und Schmerzen zu, sondern räumen Sie die geschmacklose Vase von der ehemaligen Schwiegermutter endlich aus, ebenso wie die unansehnliche Küchenuhr von scheinbaren Freunden oder das merkwürdige Bild mit den blutenden Herzen darauf.

Verschenken Sie diese Dinge, verkaufen Sie sie auf dem Flohmarkt, werfen Sie diese auf den Müll oder zerscheppern Sie sie lautstark auf dem nächsten Polterabend. Egal was Sie damit tun, Hauptsache weg aus Ihrer Wohnung, Ihrem Sichtfeld und somit aus Ihren Gedanken, denn dann können sie Ihren Gemütszustand nicht länger beeinträchtigen. Frei nach dem Motto „Aus den Augen, aus dem Sinn!" Diese ausgeräumten Dinge hinterlassen außerdem den benötigten Freiraum für Neues und Schönes in Ihrem Leben. So einfach funktioniert Physik: Wo ein Körper ist, kann schließlich kein Zweiter sein.

Durch das Ausmisten von alten Gegenständen befreien Sie sich übrigens ganz nebenbei von den meist allzu negativen Energien, die diesen ungeliebten Stücken anhaften. Sie können damit das Klima Ihres Lebensraumes erheblich verbessern und ein besseres energetisches Umfeld sorgt unbewusst für eine gesteigerte Stimmungslage!

*****

In den Kindereinrichtungen bietet sich hierfür die gute Gelegenheit, sämtliche Räume, Regale, Schränke und Ablagen auszumisten. Schnell sammeln sich Materialberge, Papierhaufen, Bastelreste und Fundsachen an und müssen sortiert und aufgeräumt werden. Dabei können schon die Kleinen helfen.

Jeder räumt sein Fach leer, die Bücher, Materialien oder Spielzeuge können zurück an den Platz gebracht werden oder einen neuen praktischeren Platz erhalten. Nicht benötigte Dinge lassen sich entsorgen und diverse Kinderkunstwerke können ihren Weg nach Hause finden.

Lächeln

> Jedes Mal, wenn ein Mensch lacht,
> fügt er seinem Leben ein paar Tage hinzu.
> (Curzio Malaparte)

Sehen Sie sich einmal im Spiegel an. Hängen Ihre Mundwinkel gerade traurig und unzufrieden nach unten? So werden Ihnen keine positiven Gedanken kommen und sich keine positiven Gefühle einstellen! Sie lassen sich nicht nur geistig, sondern auch körperlich hängen! Man kann es Ihnen in solchen Augenblicken deutlich ansehen. Ziehen Sie sich also im übertragenen Sinne wieder hoch! Ziehen Sie Ihre Mundwinkel nach oben! Lächeln Sie oder noch besser, lachen Sie über das ganze Gesicht!

Lächeln Sie sich mindestens eine Minute im Spiegel an, auch wenn Ihnen gerade nicht nach Lachen zumute ist. Das ist völlig egal, die Lust zu lächeln wird sich schon noch einstellen. Haben Sie in schwierigen Situationen gerade keinen Spiegel zur Hand oder ist es Ihnen in diesem Augenblick unmöglich vor einem Spiegel zu stehen, lächeln Sie trotzdem. Ziehen sie Ihre Mundwinkel hoch und fühlen Sie die damit einhergehenden Veränderungen in Ihrem Gesicht. Spüren Sie, wie sich die Muskeln Ihres Gesichtes verändern? Lächeln Sie von nun an so oft wie möglich! Sie werden sich besser fühlen und unweigerlich bessere Dinge in Ihr Leben ziehen!

Haben Sie eine innere Abneigung und wollen sich nicht selbst anlächeln? Wozu das gut sein soll? Fragen Sie sich ehrlich: Wissen Sie noch, wie es sich anfühlt, wenn sich Ihre Mundwinkel zu einem Lächeln formen?
Wann haben Sie sich zuletzt im Spiegel angelächelt?

Wann haben Sie sich zuletzt im Spiegel in die Augen gesehen und sich dabei wirklich wohl gefühlt? Meist nutzen wir den Blick in den Spiegel, um festzustellen, was an uns alles nicht stimmt. Wir schauen, wo sich unsere Schwachstellen befinden. Unser Selbstwertgefühl ist vernichtend gering. Unsere Erwartungshaltung an uns und unseren Körper umso höher.
Deshalb sehen wir unzufrieden in den Spiegel
... und kämmen uns die störrischen Haare.
... und schminken uns die fleckige/faltige Haut.
... und bemosern unsere Speckröllchen.

Seien Sie mal wieder nett zu sich! Lächeln Sie sich intensiv an, es wird Ihnen sicher gut tun. Diese einfache Übung können Sie prophylaktisch jeden Morgen und jeden Abend nach dem Zähneputzen durchführen. Das dauert nur einen kurzen Augenblick. Einmal lächeln und fertig. Tun Sie es und Sie werden bemerken, wie sich bald immer häufiger ein kleines Lächeln in Ihr Gesicht schleicht.

*****

Kinder lassen sich leicht für Spiegelübungen begeistern. Nutzen Sie kleine Handspielgel oder, wenn Sie können, einen großen Spiegelsaal. Lassen Sie die Kinder in den Spiegel schauen, sich anlächeln und ihre Empfindungen beschreiben. Geben Sie ihnen viel Zeit, sich anzulächeln. Viele von ihnen werden es schon lange nicht mehr getan haben. Zur Abwechselung können sie ein wütendes oder trauriges Gesicht machen und in sich hinein-horchen, wie es Ihnen dabei geht.
Eine weitere beliebte Übung ist das Spiegeln mit einem Partner, beider Kinder stellen sich gegenüber und dürfen so breit grinsen, wie sie können.

Änderung der Körper - Sprache

> Gleichgültig, was wir tun,
> in irgendeiner Weise verhalten wir uns immer!
> Wir senden ständig Signale an unsere Umwelt aus.
> Nur davon hängen alle Reaktionen ab, die dann folgen.
> (Thorsten Havener)

Nehmen Sie hierzu wieder Ihren Spiegel zu Hilfe. Sehen Sie so froh und glücklich aus, wie Sie gern sein würden? Halten Sie Ihre Schultern voller Selbstvertrauen nach hinten gestreckt oder ziehen Sie diese weit nach vorn, sodass sie förmlich nach unten hängen? Hängen Ihre Schultern ebenso nach unten wie die Mundwinkel? Halten Sie Ihren Kopf hoch erhoben oder ziehen Sie ihn unsicher ein und würden ihn am liebsten zwischen den Schulterblättern versinken lassen? Machen Sie weite schwungvolle Schritte in Richtung wundervoller Zukunft oder schlurfen Sie eher freudlos Ihren schweren Lebensweg entlang?

Betrachten Sie sich ganz in Ruhe. Nehmen Sie sich reichlich Zeit. Anschließend achten Sie auf eine gute Körperhaltung. Stellen Sie sich gerade hin. Lassen Sie sich nicht hängen! Machen Sie sich nicht klein! Gehen Sie freudig und kraftvoll Ihren Weg! Fühlen Sie die Veränderung in Ihnen, die mit der neuen Körperhaltung einhergeht.
Wann immer Sie in Zukunft an einem Spiegel vorbei gehen, schauen Sie wenigstens kurz hinein und überprüfen Sie Ihre Haltung. Straffen Sie Ihren Körper, atmen Sie tief durch und erleichtern Sie dadurch den Energiefluss in Ihrem Körper. Knicken Sie Ihre Wirbelsäule nicht kraftlos ein, sondern spüren Sie bewusst in Ihren Körper und Ihre (angespannten/ entspannten) Muskeln hinein. - Und lächeln Sie!

Beobachten Sie auch Ihre Wortwahl und Ihre Betonung. Reden Sie mit liebevoller Stimme zu sich selbst und anderen Personen? Wählen Sie freundliche Worte und loben Sie sich und die anderen? Oder gehören Sie zu den Menschen, denen man schon an Ihrer Tonlage die schlechte und griesgrämige Laune anhört? Klingt Ihre Stimme sanft und zufrieden, kraftvoll und begeisternd oder sprechen Sie eher schrill und laut oder trübe und nuschelnd? Reden Sie mit Ihren Mitmenschen bestimmend und herrisch, mütterlich und bevormundend oder interessiert und liebevoll?

Finden Sie die richtige Betonung und Wortwahl bei den Kindern? Wie Sie reden, werden auch Ihre Mitmenschen mit Ihnen sprechen. Wollen Sie, dass man in dieser Form mit Ihnen spricht? Ja? Prima, dann reden Sie so weiter. Wollen Sie das jedoch nicht, ist es sinnvoll, an Ihrer Sprache zu arbeiten!

*****

Die unterschiedlichen Körperhaltungen können Sie mit den Kindern als darstellendes Spiel ausprobieren. Hierfür kann ein großer Spiegel hilfreich sein. So können die Kinder unterschiedliche Körperhaltungen einnehmen, sich dabei betrachten und in sich hineinfühlen.
Besonders schön ist es, wenn Sie daraus ein Spiel entwickeln, in welchem ein Kind eine Körperhaltung einnimmt und die restlichen Kinder das dargestellte Gefühl erraten und nachahmen müssen.

Angenehme Erinnerungen

> Erinnerungen sind Wärmflaschen für das Herz.
> (Rudolf Frernau)

Erinnern Sie sich an etwas besonders Schönes und denken Sie intensiv daran. Selbst wenn es schwer fällt, sicher finden Sie eine Erinnerung, die Ihnen ein Lächeln ins Gesicht zaubern kann. Egal was es ist, es kann ein wundervoller Urlaub, die eigene Traumhochzeit, ein stimmungsvoller Augenblick, die Geburt eines Kindes oder vieles mehr sein.

Beschäftigen Sie sich intensiv mit diesen Erinnerungen. Sie können ein Fotoalbum oder eine Collage mit Bildern dieses Augenblickes gestalten oder Ihre wundervollen Erinnerungen hierzu aufschreiben. Vielleicht machen Sie eine Geschichte daraus oder ein Gedicht, ein Lied oder malen Sie etwas Passendes dazu. Die Hauptsache ist, dass Sie sich mit der Zeit wieder intensiv in das herrliche Gefühl dieser Erinnerung hineinfühlen können und dies mit positiver Beschäftigung verdeutlichen, vermehren und somit erneut anziehen.

Eventuell kommen Sie beim Nachdenken über ihre schön(st)en Erinnerungen sogar auf die Idee, einige der Erlebnisse erneut zu erfahren. Wenn Sie Ihre schönste Zeit beispielsweise an einem bestimmten Ort verbracht haben, könnten Sie erneut dorthin reisen. Es ist auch möglich, dass Ihre schöne Erinnerung mit einem bestimmten Gegenstand verbunden ist, das schwingende Sommerkleid beispielsweise oder Omas altes Fahrrad. Wenn die Gegenstände noch vorhanden sind, holen Sie diese hervor und erfreuen sich daran, indem sie das Kleid mal wieder tragen oder eine Runde mit Omas Rad drehen.

Oder meditieren Sie über Ihre Erfahrungen:
Setzen/legen Sie sich bequem hin, versetzen Sie sich in einen entspannten Zustand und fühlen Sie sich immer weiter in Ihre angenehme Erinnerung hinein. Versenken Sie sich mit jedem Atemzug tiefer hinab in Ihre Erinnerung. Fühlen Sie eine wohlige Wärme, welche dabei durch Ihren Körper strömt. Und versuchen Sie, sich an sämtliche Einzelheiten zu erinnern und an Ihr positives Gefühl. Was war es? Freude, Glück, Zuversicht, Liebe, Entspannung oder positive Erregung?

Spüren Sie diesem Gefühl nach und vermehren Sie es. Stellen Sie sich vor, wie dieses Glücksgefühl erneut in Ihnen aufsteigt. Es breitet sich von Ihrem Bauch in Ihren ganzen Körper aus. Sie werden von einer Woge dieses Gefühls erfasst. Die Gefühlswoge dringt allmählich durch Ihre Körperbegrenzung und ergießt sich in Ihr Umfeld. Rings um Sie herum ist nun ebenfalls dieses angenehme Gefühl und es strömt aus Ihnen, aus Ihrem Inneren.

*****

Diese angenehmen Erinnerungen lassen sich mit den Kindern gut mithilfe von gemalten Urlaubsbildern oder Familienfotos besprechen. Dazu passend können Sie eine Portfolioseite oder Collagen anfertigen.
Wenn Sie eine Collage aus angenehmen Erinnerungen aller Kinder der Gruppe/Klasse als Wandzeitung in Ihrem Raum zu hängen haben, kann jedes Kind auf eine angenehme Erinnerung blicken und sich im Tagesablauf daran erfreuen.

Angenehme Musik

> Musik ist ein moralisches Gesetz.
> Sie schenkt unseren Herzen eine Seele,
> verleiht den Gedanken Flügel
> und lässt die Phantasie erblühen.
> (Nico Bartes)

ReSONANZ ist auch in der Musikwelt ein Begriff. Unter der Sonanz versteht man das Mitschwingen, Mittönen. Schwingen Sie im Einklang mit fröhlicher oder entspannender Musik.

Singen Sie häufig eines Ihrer Gute-Laune-Lieder vor sich hin, pfeifen Sie es oder legen Sie eine CD mit Ihrer Lieblingsmusik auf. Wählen Sie hierbei ausschließlich Musik, die in Ihnen ein positives Gefühl auslöst!
Versinken Sie in dieser angenehmen Musik, tanzen Sie vergnügt, hopsen Sie durch Ihre Wohnung oder gehen Sie beschwingt (mit Freunden) zum Tanz aus.

Hören Sie auf keinen Fall depressive oder aggressive Texte. Sie wollen sich schließlich mit positiven Schwingungen verbinden. Wenn Sie sich bei einem fremdsprachlichen Titel unsicher sind, können Sie im Internet eine Übersetzung suchen oder eine der Übersetzungshilfen nutzen.

Als hilfreich können sich ebenso beruhigende Rhythmen oder Lieder erweisen. Sie können eine CD mit sanfter Entspannungs- oder Wellnessmusik, mit Natur-geräuschen, Instrumentalklängen oder Choralsängen auflegen. Alles, solange Sie sich gut dabei fühlen. Spüren Sie sich in die Musik hinein und achten Sie darauf, wie Ihr Körper reagiert.

Beginnt Ihr Herz plötzlich wild zu schlagen, obwohl Sie sich eigentlich entspannen wollten, ist dies nicht die richtige Musik für Sie. Jeder reagiert anders, probieren Sie sich aus. Wenn Sie mögen, besorgen Sie sich Karten für ein Musical oder eine andere musikalische Darbietung. Es ist ein kleiner Urlaub im Alltag, an dem Sie sich erfreuen können.

Falls Sie es erlernt haben, können Sie ein schönes Musikstück auf einem Instrument spielen. Wenn Sie früher Freude daran hatten, dieses Instrument zu spielen, tun Sie es mal wieder. Oder haben Sie schon als Kind davon geträumt, ein bestimmtes Instrument zu erlernen? Dann lernen Sie es jetzt. Melden Sie sich zu einem Kurs an oder lernen Sie autodidaktisch. In diese Aufgabe können Sie sich ganz vertiefen und dabei jegliche störenden Gedanken ausschalten und vergessen.

*****

Wenn Sie Freude an der Musik haben, lassen Sie die Kinder daran teilhaben. Singen Sie Kinderlieder, hören Sie Musik-CDs oder experimentieren Sie mit Instrumenten. Auch wenn Sie sich für unmusikalisch halten, gibt es die Möglichkeit, den Kindern Klanggeschichten anzubieten. Hierfür benötigen Sie keine Vorkenntnisse, nur den Spaß an Ihrer Arbeit. Wenn Sie mögen, finden Sie unter meinen Veröffentlichungen die „Klanggeschichten für Kinder".

Sind Sie mit einer wundervollen Stimme gesegnet, so können Sie in einem Chor mitsingen, einen eigenen Chor gründen oder ein kleines Programm für einen Elternabend oder eine Feier einstudieren. Mit Vorfreude, Lampenfieber und voll Stolz werden die Kinder ihr Programm aufführen.

Angenehme Unterhaltung

> Bücher sind kein geringer Teil des Glücks.
> Die Literatur wird meine letzte Leidenschaft sein.
> (Friedrich der Große)

Lesen Sie doch mal wieder ein gutes Buch oder einige Witze, kurzweilige Geschichten oder Gedichte. Lenken Sie hiermit Ihre Gedanken auf ein neues Thema. Am besten lesen Sie etwas, das Ihnen das Herz wärmt oder worüber Sie lachen können. Je nach Vorliebe tut es auch ein witziges Comic.

Oder aber Sie sehen sich eine Komödie oder eine Liebesgeschichte mit Happy End als Theaterstück, Musical, im TV oder im Kino an.

Zur angenehmen Unterhaltung zählen ebenso Gespräche mit Ihren Familienmitgliedern und mit lieben Freunden. Auch Bekanntschaften mit fremden Personen können das Leben enorm bereichern. Bringen Sie dadurch Ihre Gedanken aus dem Sorgen-/Angst-/Ärger- oder Streitkarussell. Suchen Sie ausschließlich Dinge und Personen aus, die Sie erfreuen und Ihre Gedanken in eine positive Richtung lenken.

Wenn Sie sich selbst gern schriftlich ausdrücken, dann schreiben Sie was Schönes. Schreiben Sie positive Erlebnisse in ein Tagebuch oder verfassen Sie lustige Anekdoten, Liebesgeschichten oder Gedichte. Wenn Sie mögen, veröffentlichen Sie diese oder veranstalten Sie eine Lesung vor Freunden und Bekannten.
Sie könnten eigene Sketche verfassen oder eine Theatergruppe gründen, in welcher Sie mit Gleichgesinnten zusammentreffen.

Manche Menschen mögen Wortspielereien. Sollten Sie dazugehören, können Sie sich die netten Späße von Joachim Ringelnatz oder Heinz Erhardt durchlesen und sich daran erfreuen. Ganz egal was Sie tun, die Hauptsache ist es, Ihre trüben Gedanken abzulenken und wieder in eine fröhliche Richtung zu weisen!

*****

Wenn es Ihnen Freude bereitet, bieten Sie in Ihrer Schule eine freiwillige! Musik- oder Theater-Arbeitsgemeinschaft an oder führen Sie in Ihrer Gruppe solch ein freiwilliges Beschäftigungsangebot ein. Wenn wir eine Sache mit Begeisterung tun und ohne Zwang lehren, begeistern wir die Kinder, und sie lernen mit Freude.

Führen Sie Ihre Musik- oder Theaterstücke vor und begeistern Sie damit das Publikum. Außerdem wird das Selbstvertrauen der Kinder (und Ihres) durch diese Projekte gestärkt werden. Als weitere Veranstaltung können Sie mit den Kindern einen freiwilligen Rezitationswettbewerb mit witzigen Gedichten oder Liedchen planen.

Sie können auch gemeinsam mit Ihren Schülern ein Buch mit deren selbst erdachten Geschichten schreiben. In der Grundschule habe ich einmal mit allen Schülern meiner dritten Klasse ein gemeinsames „Klassenbuch" geschrieben. Im Vorfeld haben wir ein Thema ausgewählt. Anschließend durfte jeder dazu im Deutschunterricht eine Geschichte schreiben und diese im Kunstunterricht illustrieren. Sämtliche Geschichten haben wir im Anschluss mit einem Inhaltsverzeichnis zusammengefasst und kopiert. Am Ende des Schuljahres bekamen alle Schüler ein Exemplar des so entstandenen Klassenbuches und haben sich sehr darüber gefreut.

Angenehmes Essen

> Der Mensch ist, was er isst.
> (Ludwig Feuerbach)

Nicht nur Ihre geistige Nahrung sollte aus angenehmen, stärkenden Nahrungsmitteln wie positiven Denkweisen bestehen. Auch Ihren Körper sollten Sie mit angenehmen, nährenden Lebensmitteln stärken. Hören Sie auf Ihren Körper. Welche Nahrungsmittel mögen Sie? Welche Nahrungsmittel bekommen Ihnen besonders gut? Schlemmen Sie gerne?

Genießen Sie jeden Bissen, denn das Essen soll Ihnen gut tun und Freude bereiten (Doch bitte keine Kummer-Futter-Orgien mit anschließend schlechtem Gewissen!). Wenn Sie gerne kochen, so kochen Sie etwas Leckeres, entweder allein oder mit Freunden. Naschen Sie gelegentlich, Schokolade sorgt für Glückshormone.

Hinterfragen Sie Ihre Nahrung in Zukunft (noch intensiver). Vielleicht genießen Sie einmal das Wohlgefühl des Fastens? Informieren Sie sich über Möglichkeiten und hinterfragen Sie Ihre Essgewohnheiten. Ist es für Sie noch zeitgemäß und notwendig, Fleisch zu verzehren? Wie sieht es mit Fisch und Meeresfrüchten aus? Vertragen Sie Milchprodukte? Kennen Sie sich mit pflanzlichen Lebensmitteln aus? Mit welcher Ernährung fühlen Sie sich am wohlsten?

Egal, für welche Ernährung Sie sich entscheiden, ob Veganer, Vegetarier oder Allesesser: Achten Sie auf eine hohe Qualität der Produkte. Meiden Sie chemisch angereicherte, gentechnisch veränderte oder belastete Lebensmittel.

Ihre Ernährung ist für Ihr Wohlempfinden von immenser Bedeutung. Führen Sie deshalb Ihrem Körperkraftwerk möglichst wenig Junk-Food oder Fertiggerichte zu. Essen Sie lieber einen Apfel mehr, denn wie sagt schon ein altes englisches Sprichwort:
"An Apple a day keeps the doctor away!"
(Frei übersetzt: Ein Apfel am Tag hält den Doktor fern!)

*****

In vielen Kindereinrichtungen wird gesunde Ernährung thematisiert, in etlichen Bildungsplänen wird es sogar vorgegeben. Hier bieten sich Möglichkeiten wie beispielsweise ein gemeinsames gesundes Frühstück, gemeinsames Kochen oder längerfristige Ernährungsprojekte an.

Sind in Ihrer Gruppe oder Klasse Kinder mit Lebensmittelallergien, Unverträglichkeiten gegenüber Lebensmitteln oder religiösen Essensgwohnheiten, können Sie dies als Aufhänger nutzen und gemeinsam mit den Kindern besprechen.

Sollten Sie Kinder aus anderen Kulturkreisen begleiten, ist es auch möglich, deren Ernährungsweisen, Gerichte und Nahrungsmittel als Thema zu nutzen und daraus ein Projekt zu machen. So können die anderen Kinder neue Erfahrungen sammeln, ihren Horizont für unbekannte Kulturkreise öffnen und diese für sie neuen (gemeinsam zubereiteten) Lebensmittel und Gerichte ausprobieren.

Für den Kitabereich kann ich Ihnen das Buch "Kita aktiv: Projektmappe Ernährung" von Maggie Jung empfehlen.

Angenehme Kleidung

> Sich kleiden heißt: einen Standpunkt beziehen
> und die Herzensausrichtung bekennen.
> (Harald Jordan)

Ziehen Sie - wenn möglich - ausschließlich Kleidung an, in der Sie sich gut fühlen. Wenn Sie dies bisher noch nicht getan haben, so spüren Sie in sich hinein und gehen Sie auf Fühlkurs mit Ihrer Kleidung. Mögen Sie den Stoff, den Schnitt und die Farbe der Kleidung oder tragen Sie diese, weil sie gerade in Mode ist oder weil Ihnen jemand sagte, dass Sie das tragen sollten. Achten Sie darauf, vorgeschriebene Arbeitskleidung zumindest mit liebevoll ausgesuchter Unterwäsche oder mit geliebten Schmuckstücken zu kombinieren.

Probieren Sie sich aus. Legen Sie sich eine kleine „Regenbogenkollektion" zu. Hierbei ist es unerheblich, ob es sich bei den Kleidungsstücken um farbige Tücher, Shirts oder Unterwäsche handelt. Wählen Sie die Farben, Formen, Muster, Stoffe und Schnitte aus, die Ihnen ein angenehmes Tragegefühl verschaffen. Wenn Sie mögen, werden Sie weitere Informationen in der Farbtherapie finden.

Vielleicht haben Sie eine Lieblingsmarke? Fühlen Sie sich wohl, wenn ein kleiner Engel das Logo Ihrer Kleidermarke ist oder tragen Sie überwiegend negative Designs und wundern sich über Ihre aufbrausende Art? Hinterfragen Sie Logos und Muster und überlegen Sie, ob das wirklich Ihrer Einstellung entspricht und vor allem: Fragen Sie sich, was Sie damit - per Resonanz - anziehen. Vermeiden Sie Kleidungsstücke, die Ihnen unangenehme Gefühle vermitteln oder diese in Ihnen auslösen.

172

Tragen Sie keine kratzenden Stoffe, deprimierende Farbkombinationen, ausgeleierte Formen oder generell ungepflegte Kleidung. Sie werden sich schnell ebenso deprimiert, ausgeleiert oder ungepflegt fühlen. Unbequeme Kleidung ist ebenfalls unangenehm, dazu zählen zu enge, drückende Kleidungsstücke, unpassendes oder akrobatisches Schuhwerk und allzu störender Schmuck.

Machen Sie sich hübsch, pflegen Sie sich, fühlen Sie sich wunderschön! Jeder ist auf seine Weise wunderschön! Wer sich schlecht fühlt, sollte wenigstens gut aussehen! Dann fühlt er sich auch bald wieder besser! Ziehen Sie mit Ihrer Kleidung positive Energien in ihr Leben, gehen Sie in Resonanz mit guten Dingen.

*****

Wichtig ist mir an dieser Stelle eine Anmerkung zu dem vermeintlichen Peace-Zeichen. Hierbei handelt es sich um die germanische Rune „Algiz" in einem Kreis. Auch wenn gelegentlich betont wird, dass ein Designer dieses Zeichen entworfen haben soll, ändert es nichts an seiner Symbolkraft. Da das Peace-Zeichen mit den 3 Strichen nach unten getragen wird, entspricht es der Todesrune. Werden die 3 Striche Richtung Himmel getragen, ist es der Lebensbaum. Eine andere Variante ist, dass die Todesrune von wissenden Atomkraftgegnern ausgewählt wurde (übrigens ein schönes Beispiel für die Anti-Haltung), um zu verdeutlichen, dass die Atomkraft den Tod bringen wird. Fälschlicherweise wurde diese Rune daraufhin von Unwissenden als ein Zeichen für den Frieden verwendet. Klären Sie die Kinder darüber auf! Wenn Sie zukünftig das Zeichen nutzen, drehen Sie es um 180 Grad, sodass es den bejahenden Lebensbaum, also die Lebensrune darstellt!

Begegnungen mit Tieren

Tiere sind die besten Freunde.
Sie stellen keine Fragen und kritisieren nicht.
(Mark Twain)

Hinterfragen Sie Ihr Essverhalten. Haben Sie ein Problem mit Vegetariern und Veganern? Ist Ihnen der Umgang mit Tieren in Mastanlagen egal? Oder ernähren Sie sich tierfrei?

Gehen Sie freundlich mit allen Tieren um, töten Sie auch keine Fliegen oder Spinnen, lassen Sie diese frei. Nehmen Sie zur Not eine Zeitung zu Hilfe oder verwenden Sie bei Nagern Lebendfallen. Diese gefangenen Tiere können Sie in Wald und Wiese freilassen. Die Natur und die Resonanz - also schlussendlich Sie selbst - werden es Ihnen danken.

Genießen Sie die Wunder der Natur und gehen Sie mit offenen Augen durch die Welt. Lauschen Sie bewusst dem Zwitschern der Vögel oder dem Gackern der Hühner. Lassen Sie sich von den Geräuschen der Tiere auf Erinnerungsreisen schicken, zurück zu den eigenen Sommerferien auf dem Dorf, Ausflügen zum Bauernhof oder dem ersten Date im Wald. Träumen Sie sich zurück und erfreuen Sie sich daran.

Erfreuen Sie sich an liebevollen Begegnungen mit Tieren. Egal, ob Sie mit Ihren eigenen Katzen kuscheln und sich an deren Schnurren erfreuen, ob Sie mit einem Hund eine Runde an der frischen Luft unterwegs sind und Sie tief den Sauerstoff in Ihre Lungen hineinatmen können, ob Sie mit Pferden einen Ausritt machen und die Muskeln des Tieres unter sich spüren können oder ob Sie im Park wilde Enten und Tauben füttern gehen.

Spüren Sie die positiven Energien, die von diesen Tieren ausgehen. Sympathisieren Sie mit diesen Tieren, gehen Sie mit ihnen in liebevolle Resonanz und tanken Sie hierbei Ihre leeren Akkus wieder mit guten Energien auf.

*****

Die Schüler kennen meine Einstellung diesbezüglich inzwischen sehr gut. Aus diesem Grund wird bei uns jede Spinne, Fliege, Biene oder ähnliches Getier an die frische Luft befördert. Eine anfängliche Abscheu diesen Insekten gegenüber wich mit der Zeit einem ehrfurchtsvollem Staunen. Wir begutachten die Tiere genau und staunen, was es so alles zu entdecken gibt.

Viele Kinder kennen die Tiere eines Zoos oder eines Bauernhofes. Hier reagieren sie mitunter besonders feinfühlig und lehnen solche Art der Tierhaltung wegen der traurigen Augen mancher Tiere ab. Diese Entdeckung konnte ich ebenfalls bei Zirkusbesuchen machen. Hinterfragen Sie deshalb solche Ausflugsziele nach Lebensqualität und „artgerechter Haltung" der Tiere.

Leider wissen unsere Kinder zumeist wenig über die einheimischen Tiere in „freier Wildbahn". Sie können einen Wandertag zu einem Teich, in einen Wald oder auf eine Wiese organisieren. Besorgen Sie sich Becherlupen und erfahren und bewundern Sie Saftkugler, Springschwänze, Kaulquappen, Eidechsen, Ameisen oder Schmetterlinge. Nehmen Sie vielleicht ein Tierbestimmungsbuch mit, und versorgen Sie die interessierten Kinder vor Ort mit Namen und Fähigkeiten der kleinen Lebewesen.

Begegnungen mit der Natur

> Wenn man die Natur wahrhaft liebt,
> so findet man es überall schön.
> (Vincent van Gogh)

Nutzen Sie die Natur als Tankstelle für Ihre leeren Akkus. Verbringen Sie Zeit im Freien, gehen Sie im Sommer an den Strand und lassen Sie Ihren Körper von den sanften Wellen des Wassers umspülen oder genießen Sie den weichen Sand unter Ihrem Körper.

Gehen Sie hinaus in die Wiesen und Wälder, lassen Sie die Sonne auf Ihr Gesicht (und in Ihr Gemüt) scheinen und nehmen Sie die leuchtenden Blüten, das satte Grün der Blätter und die frische Luft wahr. Atmen Sie tief in sich hinein und nehmen Sie dabei Kraft, Zuversicht und Lebensfreude in sich auf. Durch ein anschließendes langes Ausatmen pressen Sie die ganze verbrauchte Luft wieder aus Ihrem Körper hinaus und schaffen mehr Platz für frischen Sauerstoff.

Sollten Sie eher der sportliche Typ sein, nutzen Sie die Zeit in der Natur zum Wandern, zum Radfahren, zum Rudern oder zum Joggen. Bekannt ist hierbei das Runners High, welches manchem Läufer Hochgefühle verschafft. Auch fernöstliche Entspannungstechniken wie Yoga und Tai Chi können Sie hervorragend im Park durchführen. In einigen größeren Städten finden Sie dafür inzwischen vielfältige professionelle Angebote.

Wenn Sie Pflanzen mögen, können Sie sich beispielsweise als Kräuterfee betätigen und die einheimischen Pflanzen auf der Wiese und im Wald kennen lernen, sammeln und zu Tees, Salben oder Süppchen verarbeiten.

Hierfür gibt es geführte Kurse, sodass auch Neulinge einen Zugang finden und ihren Pilzfund sicher verspeisen können.

Ein eigener Garten bietet genügend Möglichkeiten, sich mit der Natur zu beschäftigen. Erfreuen Sie sich an den zu beobachtenden Jahreszeiten und gehen Sie mit ihnen bei der Planung und Arbeit in Ihrem Garten. Bauen Sie im Frühjahr Ihr eigenes Obst oder Gemüse an und ernten Sie es im Herbst. So erzeugen Sie nebenbei ein qualitativ hochwertiges Lebensmittel mit wenig chemischen Zusätzen.

*****

Mit den Kindern können Sie Entdeckungsreisen in die Natur unternehmen oder gemeinsam mit ihnen kleine Beete oder einen Schulgarten anlegen. Bestenfalls gibt es auf dem Gelände Ihrer Einrichtung einige Grünflächen, Sträucher oder Blumenbeete. Vielleicht ist es Ihnen möglich, mit Ihren Kindern die Pflege zu übernehmen.

Als Ausflugsziel können Sie beispielsweise einen Naturlehrpfad, einen Schlosspark, ein Naturkundemuseum oder einen botanischen Garten wählen.

Ebenso können Sie Sporteinheiten im Park, auf der Wiese oder im Wald durchführen. Hier lassen sich mit wenigen Mitteln spannende und spaßige Wettkampfstrecken, Barfußpfade oder Spielmöglichkeiten für die Kinder aufbauen. Für die ganze Einrichtung wären Aktivitäten wie ein Badetag am See oder ein Wandertag um die Stadt denkbar.

(Geführte) Entspannung

> Strebe nach Ruhe, aber durch das Gleichgewicht,
> nicht durch den Stillstand deiner Tätigkeit.
> (Friedrich von Schiller)

Nicht jedem ist es gegeben, ohne Einwirkung von außen zur Ruhe zu kommen. In der heutigen hektischen Welt fällt es uns häufig schwer, allein wieder zu unserer Mitte zu finden. Dabei helfen geführte Entspannungen wie Entspannungsreisen, bei denen ein Sprecher die führende Position einnimmt, sodass sich der Entspannende zurück lehnen und seine Gedanken an der Geschichte orientieren kann. Solche geführten Reisen finden Sie auf CD oder im Internet. Probieren Sie sich aus und testen Sie, was Ihnen gut tut.

Es gibt zahlreiche Institutionen, die es sich zum Ziel gesetzt haben, Entspannungstechniken zu vermitteln. Zu deren Programmen gehören Autogenes Training ebenso wie Yoga oder Qi Gong. Viele Krankenkassen tragen einen großen Teil der anfallenden Kosten, da sie diese Entspannungskurse inzwischen als Gesundheitsvorsorge anerkennen. Fragen Sie bei Ihrer Krankenkasse nach, welche Kurse bezuschusst werden und in welchen Abständen Sie diese Kurse belegen können.

Außerdem finden Sie eine Vielfalt an DVD´s und Hörbüchern auf dem Markt, welche Ihnen helfen können, Ihre Atmung zu entspannen und Ihre Gedanken zu beruhigen und in eine positivere Richtung zu lenken. Nicht jede Übung wird Ihnen zusagen und nicht jede CD wird Sie entspannen. Wählen Sie Ihre Favoriten aus und finden Sie zu innerer Stille und Gelassenheit.

Diese Stille lässt sich auch in Meditationen finden. Wenn Sie sich darauf einlassen können, sind Meditationen der beste Weg, seine Gedanken zu beruhigen, genauer zu beobachten oder vorbei ziehen zu lassen. Nehmen Sie sich möglichst täglich ein wenig Zeit (vielleicht sitzend im Bett vor dem Aufstehen) und versuchen Sie in diesen Momenten, bewusst auf Ihre Gedanken zu achten. Erzeugen Sie positive Gedanken und starten Sie frisch und positiv in den neuen Tag.

*****

Für Kinder gibt es mittlerweile eine Vielzahl von Entspannungsangeboten. Hierbei ist es in meinen Augen wichtig, den Kindern eine wiederholte Entspannung im Alltag zu ermöglichen. Dabei spielen ein ritualisierter Ablauf und eine entspannte Umgebung eine große Rolle.

Ich habe für meine Arbeit die „Entspannungsgeschichten für Kinder" verfasst und später über den Buch Verlag Kempen veröffentlicht. Die Geschichten dienen nicht nur dazu, die Kinder bewusst zur Ruhe zu führen, sondern Sie werden beim Lesen feststellen, dass zusätzlich die Gedankenwelt der Kinder in eine positive Richtung gelenkt wird. Die Kinder hören und visualisieren bei den Geschichten nicht nur angenehme Erlebnisse aus ihrem Alltag, sondern sie lenken auch automatisch ihre Gedanken in diese positive Richtung.

Mit solchen positiven Gedanken, welche durch die Gruppe im Kollektivbewusstsein ausgesendet werden, können die Kinder mithilfe der Resonanz genau diese positiven Dinge vermehrt in ihren Alltag ziehen. Zusätzlich werden sie in die Lage versetzt, diese Entspannung aus ihrem emotionalen Erfahrungsspeicher abzurufen und erneut zu erfühlen.

Hobbys

> Wer sich sein Hobby zum Beruf macht,
> brauch seinen Lebtag nicht mehr zu arbeiten.
> (Franz Josef Geller)

Schaffen Sie sich schöne, befriedigende Momente in Ihrer Freizeit. Momente, die unabhängig von materiellen Vorausetzungen sind, und die Sie weder zeitlich noch finanziell unter Druck setzen. Suchen Sie sich eine Beschäftigung, bei der Sie wirkliche Freude empfinden. Manche Menschen haben eine ausgeprägte Sammelleidenschaft und erfreuen sich an ihren kleinen Schätzen. Sie pflegen und sortieren diese und haben dabei ein gutes Gefühl.

Andere Menschen sind eher kreativ tätig und empfinden beruhigende und schöne Momente beim Bauen einer Modelleisenbahn, beim Malen, Töpfern oder Schneidern. Welches Hobby es auch immer sein mag, solange sich dieses Hobby für Sie gut anfühlt und Sie die Betätigung daran als Bereicherung und nicht als Last empfinden, tun Sie es. Erfreuen Sie sich daran und genießen Sie Ihre Freizeit.

Je nach Persönlichkeit kann Ihr Hobby mit einem der zuvor genannten Wohlfühlfaktoren zusammenhängen. Sollte das der Fall sein: Sehr schön, Sie haben einen Ihrer persönlichen Stimmungsaufheller entdeckt.
Oder haben Sie Ihr liebstes Hobby noch nicht gefunden? Dann hören Sie erneut tief in sich hinein und fragen Sie sich, bei welchen Tätigkeiten Sie besonders viel Freude haben, oder wann Sie das Gefühl haben, die Zeit vergeht wie im Fluge.

Der Idealfall wäre natürlich, das Hobby zum Beruf zu haben. Ist dies bei Ihnen so? Wenn ja: Herzlichen Glückwunsch! Wenn nicht, gibt es vielleicht Möglichkeiten, Ihr Hobby in den Berufsalltag zu integrieren und damit das Lernen und Leben an Ihrer Einrichtung zu bereichern?

Bieten Sie Ihr Hobby als Arbeitsgemeinschaft oder als Ganztagskurs an. Töpfern Sie mit Ihren Schülern im Kunstunterricht oder an einem Projekttag. Erkundigen Sie sich gegebenenfalls bei Ihrer Leitung, oder unterbreiten Sie einen Neuerungsvorschlag. Möglichkeiten gibt es viele. Nutzen Sie diese, und Sie haben mehr Freude an Ihrer Arbeit, wenn Sie Ihre Arbeit mit Ihrem Hobby verbinden können.

*****

Schön wäre es, wenn Sie mit den Kindern über deren Hobbys sprechen würden. Hierbei erfahren Sie Interessen der Kinder und lernen diese gegebenenfalls von einer völlig neuen Seite kennen. Außerdem können diese Anregungen in Ihre Vorbereitungen einbauen. So werden Ihnen die Kinder mit großer Begeisterung folgen und Sie haben einen persönlicheren Zugang zu den einzelnen, kleinen Individuen.

Wenn Sie kreative Tätigkeiten lieben und diese auch mit den Kindern durchführen wollen, können Sie auf dem Blog handiimade.blogspot.de nachschauen. Dort finden Sie zahlreiche Anregungen für Bastelarbeiten mit Kindern. Die Themen reichen von Papierbastelei über einfachste Drucktechniken bis hin zu Kochen/Backen, Werken oder Töpfern.

Wellness

> Tu deinem Leib etwas Gutes,
> damit deine Seele Lust hat, darin zu wohnen.
> (Teresa von Avila)

Schwitzen Sie doch einfach mal wieder all den überflüssigen „Dreck" aus Ihren Poren. Entgiften Sie Ihre eingelagerten und in sich „hinein gefressenen" Säuren und das „Sauer sein"! Reinigen Sie Ihren Körper, Ihren Geist und Ihren Energiestoffwechsel durch die schweißtreibende Wirkung der Sauna.
Schweben Sie im angenehmen Salzsee oder schwimmen Sie im Thermalbad. Lassen Sie sich von Kopf bis Fuß gründlich massieren. Bekommen Sie ein Gespür für jede Stelle Ihres Körpers und dafür, was ihm besonders gut tut.

Sie können sich natürlich ebenso an den wärmenden Strahlen der Sonne aufladen oder einen entspannten Ayurveda-Tag einlegen. Dazu können wärmende Fußbäder und ein durchwärmendes Teeritual gehören. Lassen Sie sich verwöhnen und genießen Sie hierbei Ihre Ruhe.
Ihr Körper, Ihr Geist und Ihre Seele werden die dringend benötigte Stille zu genießen wissen und sich nach dem hohen Geräuschpegel in den Kindereinrichtungen regenerieren können.

Egal für welche Anwendung oder welchen Wellnessbereich Sie sich entscheiden , tun Sie dies ganz bewusst. Hören Sie in sich hinein. Selbst wenn Ihre Freundin gerade zum Schwimmbecken möchte: Wenn Sie sich lieber mit einer Massage verwöhnen lassen möchten, so tun Sie dies! Lassen Sie sich auf keinen Fall im Wellnessbereich fremd bestimmen.

Sie wollen sich erholen, also stellen Sie sich nicht unter zu hohe Erwartungshaltung oder Zeitdruck. Wenden Sie Ihre Gedanken ausschließlich angenehmen Themen zu. Oder, noch besser, gönnen Sie Ihren Gedanken eine Pause.

*****

Je nach rechtlichen Auflagen und materiellen Ausstattungen können Sie mit den Kindern mit Wasser experimentieren. In den meisten Kindereinrichtungen bieten sich besonderes Kneippsche-Anwendungen wie Wechselbäder der Arme an. Möglicherweise kann sogar ein wärmendes Fußbad mit duftenden Blüten oder Ölen durchgeführt werden.

Es ist wissenschaftlich anerkannt, dass Massagen auch für Kinder wohltuend und fördernd sind. Nutzen Sie die sich bietenden Möglichkeiten und probieren Sie, was den Kindern angenehm ist. Informieren Sie sich, wie fest oder sacht die Berührungen ausgeführt werden sollen, welche Temperaturen angenehm sind oder ob ein direkter Körperkontakt zugelassen wird.

Veranstalten Sie mit den Kindern eine Massagerunde. Dies ist durchaus mit mehreren Kindern und älteren Schülern möglich. Ein beliebtes Spiel ist „Stille Post", wobei dem Vordermann Symbole, Buchstaben oder Zahlen auf den Rücken gemalt werden.
Für besondere begleitete Streicheleinheiten können Sie meine „Massagegeschichten für Kinder" nutzen. Dort finden Sie Massageangebote für größere Gruppen oder zur Einzelförderung sowie Massagen mit und ohne direkten Körperkontakt.

Ein Gefühls-Märchen

*("Das Märchen vom singenden klingenden Bäumchen" frei
nach den Gebrüdern Grimm)*

*Ein reicher König hatte einmal eine wunderschöne Tochter.
Diese Tochter war jedoch in ihrem Innersten überheblich und
lieblos. Niemanden der Heiratskandidaten empfand sie als
ihrer würdig.*

*Nun trug es sich zu, dass sich ein schöner Prinz auf den Weg
in das Schloss machte, um den König um die Hand seiner
Tochter zu bitten. Als Hochzeitsgeschenk hat er der schönen
Prinzessin eine Truhe voller kostbarer Perlen mitgebracht.
Doch die eingebildete Prinzessin verschmähte sein Geschenk.
Sie forderte stattdessen von ihm, dass er ihr das singende,
klingende Bäumchen als Geschenk bringen möge.*

*Lange suchte der Prinz erfolglos nach dem singenden,
klingenden Bäumchen. Schließlich traf er bei seiner
erfolglosen Suche einen Zwerg, der versprach, ihm zu helfen.
Der Zwerg würde dem Prinzen das singende, klingende
Bäumchen geben, allerdings würde es erst dann singen und
klingen, wenn die Prinzessin den Prinzen wahrhaft liebt.*

*Als Bedingung für seine Hilfe forderte der hinterhältige
Zwerg, dass der Prinz als Bär im Zwergenland weiterleben
sollte, wenn das Bäumchen nicht anfangen würde, zu singen
und zu klingen. Der Prinz versprach ihm dies, nahm dankbar
das singende, klingende Bäumchen und ritt damit zum
Schloss. So schnell er konnte, brachte er das Bäumchen zur
Prinzessin, denn er hoffte, dass sie ihr Versprechen halten und
ihn heiraten würde.*

*Doch als sie das singende, klingende Bäumchen in ihren
Händen hielt, gab es keinen einzigen Ton von sich, weil die
hartherzige Prinzessin den Prinzen nicht wahrhaft liebte, und
nur sein Geschenk haben wollte.*

Und als das Bäumchen keinen Ton von sich gab, behauptete sie, dass dies gar nicht das richtige Bäumchen wäre. Wieder wies sie daraufhin den Heiratsantrag des enttäuschten Prinzen ab.

Traurig kehrte er mit dem singenden, klingenden Bäumchen zurück in das Zwergenland und verwandelte sich dort in einen Bären. Verzaubert musste er im Zwergenreich leben, bis das Bäumchen anfangen würde zu singen. Die lieblose Prinzessin aber wollte unbedingt das Bäumchen singen hören. So schickte sie den König los, um ihr das singende, klingende Bäumchen zu holen.

Schließlich gelang der König an die Grenze des Zwergenreiches, und er bekam von dem Bären das Bäumchen übergeben. Der Bär wollte im Tausch für das singende, klingende Bäumchen das erste Wesen, welches dem König bei seiner Rückkehr im Schloss über den Weg lief. Dieses Wesen würde dann mit dem Bären im Zwergenland leben. Der König dachte, dass ihm wie immer als erstes sein Hund entgegen gesprungen kommen würde und sagte dem Bären zu.

Doch dieses Mal war es anders. Im Schloss angekommen eilte ihm die ungeduldig wartende Prinzessin entgegen. Sie wollte unbedingt das Bäumchen haben und lief daher, so schnell sie konnte, auf ihren Vater zu. Entsetzt erinnerte sich der König seines Versprechens, und er beschloss, sich nicht an die Abmachung mit dem verzauberten Prinzen zu halten.

Ängstlich ließ er die Prinzessin rund um die Uhr bewachen und hoffte, dass der Bär sie nicht holen würde. Darüber war der Bär sehr erbost, denn der König hatte sein Versprechen gebrochen. So drang der verzauberte Prinz heimlich in das königliche Schloss ein und verschleppte die verzogene Prinzessin. Anschließend kehrte er mit ihr gemeinsam in das Zauberreich des Zwerges zurück.

Da der Zwerg schon den Prinzen in einen Bären verzaubert hatte, verwandelte er nun die wunderschöne Prinzessin.

Sie wurde eine Frau mit einem besonders hässlichen Gesicht und hässlichen Haaren. Dieses neue Antlitz war ein Ebenbild ihres hässlichen Charakters und Ihrer hässlichen Gefühle. Die Prinzessin war entsetzt.

Von nun an musste sie für sich alleine sorgen, sich Nahrung sammeln und sich eine Hütte bauen. Keine Diener waren da, denen sie befehlen konnte. Doch der gutmütige Bär war da und zeigte ihr, welche Nahrung sie sammeln konnte und half ihr beim Bau einer Unterkunft. An das singende, klingende Bäumchen dachte die Prinzessin vor lauter Arbeit gar nicht mehr. Sie begann sich eher darum zu sorgen, dass die Tiere im Zauberland sie nicht mochten. Die Vögel flogen rasch davon und die Fische schwammen eifrig in eine andere Richtung. Das machte sie sehr traurig. Da erklärte ihr der verzauberte Prinz, *dass sie liebevoll und hilfsbereit zu den Tieren sein müsse, so wären diese auch gut und dankbar zu ihr.*

Nach und nach veränderte sich die Prinzessin, denn Sie gab sich große Mühe. Sie half den bedürftigen Tieren, lebte in Harmonie mit dem verzauberten Prinzen und bekam einen immer freundlicheren Charakter. Und *mit jeder Verbesserung Ihres einst so üblen Charakters verbesserte sich auch ihr verzaubertes Gesicht,* und allmählich erlangte die Prinzessin ihre alte Schönheit wieder. Doch nun war sie nicht nur äußerlich schön, sondern auch ihr Inneres glänzte mit der gleichen Schönheit. Sie war liebevoll und mitfühlend geworden.

Das war keineswegs im Interesse des verärgerten Zwerges, er wollte nicht, dass sich die Prinzessin positiv verändern und womöglich in den Bären verlieben würde. Deshalb musste er sie aus dem Zwergenland fortlocken. Aber die Prinzessin wollte viel lieber bei dem Bären bleiben. Schließlich log der Zwerg sie an, indem er ihr erzählte, dass ihr Vater schwer krank wäre.

Voller Sorge um ihren Vater machte sich die Prinzessin auf den Weg ins Schloss. Dort angekommen erfuhr sie jedoch, dass es ihrem Vater gut ginge und sie im ganzen Land suchen ließe. Da erkannte die gute Prinzessin den Betrug des Zwerges und plötzlich erklang im Garten des Schlosses das singende, klingende Bäumchen. Daraufhin nahm sie das Bäumchen und eilte ins Zwergenland zurück, um ihren geliebten Prinzen zu befreien. Denn der Fluch, der auf dem Prinzen lastete, konnte nur durch das singende, klingende Bäumchen gelöst werden. Schlussendlich kehren der erlöste Prinz und die liebevoll gewordene Prinzessin überglücklich in das Schloss zurück, um sich endlich trauen zu lassen.

Fällt Ihnen bei diesem Märchen etwas auf?
Die Gefühle der Prinzessin spiegeln ihre äußeren Umstände. Statt sich ihres königlichen Lebens zu erfreuen, hat sie negative Gefühle. Sie ist gemein zu den Bediensteten und hochmütig ihren Freiern gegenüber. (Eine ähnliche Geschichte erzählt das Märchen: König Drosselbart.) Auch hierfür hat der erfahrene Volksmund ein uraltes Sprichwort: „Hochmut kommt vor dem Fall!"

Der tiefe Fall der hochmütigen Prinzessin erfolgt im Märchen durch ihren Raub vom Bären und anschließend durch die Demütigung ihrer Verzauberung.
Dadurch wird ihr vom Zwergen verdeutlicht, wie hässlich ihre Gefühlswelt und ihr Inneres sind. Wie nicht anders zu erwarten war, lehnt die einst schöne Prinzessin ihr hässliches Äußeres ab und erkennt den Zusammenhang nicht. Sie muss erst mit der Zeit lernen, welche Dinge im Leben wichtig sind und wie man durch Ablegen von negativen Gefühlen zu einem schönen, positiven Inneren gelangt.
Denn: Wie innen - so außen!

Wer im Inneren einen hässlichen Charakter hat, wer also schlechte Gefühle hegt, der strahlt dies aus und wird im Laufe der Zeit ein ebenso hässliches Äußeres bekommen.

Betrachten Sie sich bei Gelegenheit Ihre Mitmenschen genauer. Vielen sieht man ihren Griesgram und ihre Unzufriedenheit oder aber ihr Glück und ihre Zufriedenheit im Gesicht an.

Das <Gesetz der Übereinstimmung>* ist wohl eines der wichtigsten Gesetze in unserem Leben. Dieses Gesetz ist wirklich entscheidend, ob Sie ein erfülltes und glückliches Leben führen, oder nicht. Dieses Gesetz des Universums besagt, dass Ihre äußere Welt eine Reflektion Ihrer inneren Welt ist. Dass alles das, was Sie innerlich sind, sich über kurz oder lang als sichtbares Ergebnis in Ihrem Leben äußert. (Joachim Kaeser unter www.lebensformel.eu)

*Gesetz der Übereinstimmung = Wie innen, so außen

188

Der Zauber von: „Ich bin ..."

Es liest sich wie im Märchen, denn dem kurzen Satz:
„Ich bin ..."
... wohnt ein besonderer Zauber inne. Er ist die Erfüllung für viele Ihrer Träume und die Erlösung von Ihren Problemen.

Sie müssen wissen, alles, absolut alles, was Sie an die beiden Wörter: „Ich bin" anhängen, wird in Erfüllung gehen! Dabei kommt es nicht darauf an, ob Sie dies bewusst oder unbewusst denken. Ganz egal, ob Sie es leise in Ihren Gedanken tun, oder ob Sie es laut im Gespräch mit anderen Personen äußern. Ihr Unterbewusstsein wird alles daran setzen, dass dieser gesagte Satz: „Ich bin ..." in Erfüllung geht. Es wird die dazu benötigten Erfahrungen oder Menschen anziehen und in Ihr Leben bringen.
Ihr Unterbewusstsein wird konsequent daran arbeiten, diese Gedanken zu Ihrer persönlichen Wahrheit werden zu lassen! Ihre Gedanken ziehen wieder das an, was mit Ihnen in Resonanz geht.

Denken Sie: *„Ich bin* unglücklich.", werden Sie noch mehr Unglück in ihr Leben ziehen.
Denken Sie: *„Ich bin* überarbeitet.", werden Sie noch mehr Arbeit in ihr Leben ziehen.
Denken Sie: *„Ich bin* krank.", werden Sie noch mehr Krankheit in ihr Leben ziehen.

Und mal im Ernst, solche unerfreulichen Gedanken kennt ein jeder. Doch um ein wirklich freudvolles und erfülltes Leben genießen zu können, müssen Sie diese verhängnisvollen Gedanken verbannen. Sobald solche falschen Gedanken aufkommen, müssen sie verändert werden. Richten Sie stattdessen Ihre Gedanken in eine positive Richtung.

Formulieren Sie diese Sätze neu.
Aus: „Ich bin unglücklich." wird: „Ich bin froh und glücklich!"
Aus: „Ich bin überarbeitet." wird: „Ich bin voller Kraft und Tatendrang!"
Aus: „Ich bin krank." wird: „Ich bin gesund!"

Eine Kollegin plagte sich mit der Vorstellung herum, dass sie eine schlechte Lehrerin sei. Sie sagte sich permanent: „Ich bin eine schlechte Lehrerin!" und fühlte sich schon richtig schlecht. Sie stellte Ihre Fähigkeiten in Frage und nahm sich die Kommentare mancher verhaltenskreativer Schüler sehr zu Herzen. Da sie sich in einer psychischen Abwärtsspirale befand, suchte sie Hilfe bei einer Psychologin. Wie das Schicksal oder die Fügung es wollten, geriet die Kollegin an eine Psychologin aus Russland, welche zuvor in ihrer Heimat ebenfalls als Lehrerin gearbeitet hatte. Durch diese gemeinsamen Erlebnisse hatten beide eine Vertrauensbasis, und die Psychologin konnte das selbst- zerstörerische Gefühl der Kollegin nachempfinden.
Sie stellte ihr nur einige Fragen und löste damit sofort einen Tränenwasserfall aus. Mögen Ihre Schüler Sie? Lassen Sie sich kreative Unterrichtsmethoden einfallen, um den Stoff zu veranschaulichen? Denken Sie, wenigstens ein Schüler hat bei Ihnen etwas gelernt? Die Kollegin musste 3x bejahen und die nette Psychologin sagte mit ihrem russischen Akzent: „Dann sind Sie gute Lehrerin!" Die Hausaufgabe der Patientin war, sich täglich so oft es ging zu sagen: „Ich bin eine gute Lehrerin!" Inzwischen unterrichtet sie wieder und hat den Spaß an ihrer Arbeit wiedergefunden.

Häufig sind gerade Pädagogen, die ihre Arbeitsweise hinterfragen und sich selbst reflektieren, jene, welche ihren Schülern viel mehr als nur bloßes Wissen und Fakten vermitteln.

Sie zeigen den Kindern unterschiedliche Wege auf, nehmen sie ernst und bereichern allein dadurch deren Kenntnisse zur Selbsteinschätzung. Sie fördern außerdem die sozialen und emotionalen Fähigkeiten der Kinder durch das Erfahren von Vorbildwirkung – und gerade diese Pädagogen sind anschließend der Meinung: Ich bin überfordert, ideenlos, ungenügend ausgebildet ... !

Sie sollten sich eingestehen, dass Sie vielen Schülern gute und wichtige Dinge beibringen und schon beigebracht haben. Gelingt Ihnen das bei einzelnen Schülern nicht, hat es selbstverständlich seine Ursachen. Vielleicht stimmt die Harmonie nicht zwischen Ihnen, weil Sie eine bestimmte Resonanz zu diesem Schüler aufgebaut haben. Vielleicht polarisiert er jedoch auch oder er hat schlichtweg eine Abneigung gegen blonde/braune/rothaarige Männer/Frauen. Es ist nicht das Ziel des Universums, dass Sie an dieser Aufgabe zerbrechen. Sie sind unterwegs - auf Ihrem Weg, Sie sind bemüht und Sie sind ein gute Pädagoge.

Zweifeln Sie noch immer? Probieren Sie es aus. Es ist ganz leicht, und es wird viele kleine und große Wunder in Ihrem Leben bewirken. Starten Sie am besten noch heute damit, den Wörtern „Ich bin" ausschließlich positive Adjektive anzufügen.
„Ich bin eine gute Lehrerin!" / „Ich bin ein guter Lehrer!"
„Ich bin eine liebevolle Mutter!" / ... liebevoller Vater!"
„Ich bin eine hervorragende Köchin!" / ... hervorragender Koch!"

Möglicherweise haben Sie anfangs das ungute Gefühl, sich zu beschwindeln, wenn Sie beispielsweise mit dicken Mandeln sagen: „Ich bin gesund!" Ein mulmiges Gefühl sollen Sie nicht haben!

Beginnen Sie stattdessen mit Sätzen, die Ihnen glaubwürdig und machbar erscheinen. Bilden Sie die Sätze wie oben beschrieben, aber mit einem „schnellstmöglich". „Ich bin schnellstmöglich wieder gesund!" So sind Sie sich selbst gegenüber ehrlich und weisen Ihre Gedanken trotzdem in die richtige Richtung!

Das Erstaunliche ist:
Diese „Ich bin" - Sätze funktionieren mit allen möglichen Dingen. Sagen Sie etwa: „Ich bin technisch unbegabt!", werden Sie niemals ein technisches Verständnis erlangen. Denken Sie um. Werden Sie technisch begabt, werden Sie ein Rechtschreibgenie oder eine Koryphäe im Bereich der musischen Künste, alles ist möglich.
Sie sind ein Zauber. Ihr göttlicher Funken verleiht Ihnen diese scheinbar magische Kraft. Nutzen Sie diese bewusst und zaubern Sie mal wieder!!! Wählen Sie sich anfangs eine Kleinigkeit aus, es ist ganz einfach! Zaubern Sie bewusst, indem Sie fortan auf Ihre Worte achten.

Zaubern Sie sich ein gutes Gefühl.
Fühlen Sie sich momentan unglücklich, unzufrieden oder ungeliebt, so nutzen Sie die Worte: „Ich bin ..." als Stimmungsaufheller.

„Ich bin glücklich darüber, dass ... (... meine Kinder gesund sind!)"
„Ich bin zufrieden, weil ... (... ich ein schönes Zuhause habe!)"
„Ich bin beliebt, weil ... (... ich ein freundlicher Mensch bin!)"
„Ich bin erfreut, dass ... (... ich so eine wundervolle Klasse leite!)"

→ „Ich bin ein Glückskind / ein wahrer Glückspilz!!!"

Fühlen Sie in sich hinein. Merken Sie, wie sich Ihre Stimmung allmählich hebt? Machen Sie sich diese Art der positiven Stimmungsveränderung zur Gewohnheit. Rufen Sie sich regelmäßig solche positiven Sätze in Ihr Bewusstsein. Erfreuen Sie sich anschließend an diesem guten neuen Gefühl! Genießen Sie es ausgiebig!!!

Affirmationen:

- Ich bin ein liebenswerter und liebevoller Mensch.
- Ich bin mit mir selbst im Reinen, zuversichtlich und dankbar für mein Leben.
- Ich bin gesund und ausgesprochen vital.
- Ich bin aufgeschlossen für neue Wege und interessiert daran, diese auszuprobieren.

Wenn Sie es noch ein wenig spiritueller mögen, versuchen Sie dieses kraftvolle Mantra zur Aktivierung positiver Energien. Sie können es schützend bei Anfällen von Furcht (z.B. bei Alpträumen oder einsamen Spaziergängen) anwenden, oder während des Tagesablaufes oder einer längeren Autofahrt als „Energietankstelle" nutzen. Achten Sie auf Ihren Körper und spüren Sie in sich hinein, was währenddessen mit Ihnen passiert.
Sagen Sie das Mantra gefühlvoll 3x hintereinander auf.

„*Ich bin* Licht, ich diene dem Licht und Gottes Licht schützt mich!"

Nachwort

Gott gebe mir die Gelassenheit,
Dinge hinzunehmen, die ich nicht ändern kann,
den Mut, Dinge zu ändern, die ich ändern kann,
und die Weisheit, das eine vom anderen zu unterscheiden.
(Autor umstritten)

Sie haben in diesem Buch viel über die möglichen Veränderungen in Ihrem Leben lesen können. Viele unterschiedliche Menschen auf der ganzen Welt arbeiten mittlerweile mit diesen Gesetzen und leben heute ein zufriedeneres und glücklicheres Leben als zuvor. Lassen auch Sie diese sagenhaften Veränderungen wahr werden und starten Sie mit Freude, Glück und Zufriedenheit in Ihre Zukunft. Erproben Sie diese Methoden und entscheiden Sie anschließend selbst, welche Ihnen auf Ihrem ganz persönlichen Weg hilfreich erscheinen mag und welche Ihnen gut tun.

Arbeiten Sie so gut und zeitintensiv wie es Ihnen möglich ist mit diesen Methoden und nach und nach werden sich die ersten Veränderungen einstellen. Es dauert ein wenig. Eine gewisse Zeitverzögerung von Wunschdenken bis Wunscherfüllung ist nötig. Bekräftigen Sie in dieser Zeit Ihren Wunsch möglichst häufig.

Zwischenzeitlich kann es geschehen, dass Sie das Gefühl haben, dass Ihr Leben völlig aus den Fugen gerät. Bestimmte Reaktionen Ihrer Mitmenschen verändern sich und sind nicht mehr berechenbar; Ihre Gefühle fahren Achterbahn; bestehende Systeme werden zerstört und vermeintliche Freunde kehren Ihnen den Rücken zu.

Das sind ganz normale Erscheinungen. In der Homöopathie wird dieser Zustand „Erstverschlimmerung" genannt. Diese Erstverschlimmerung ist für mich einfacher zu verstehen, wenn ich mir hierfür die Zubereitung eines schönen Essens vorstelle.

Das schöne Essen ist mein Ziel! Ich beginne natürlich am Ausgangspunkt, das bedeutet, ich habe einzelne Lebensmittel vor mir liegen. Diese symbolisieren die einzelnen Lebensbereiche des jetzigen Lebens. Darauf folgt die Zubereitung, die Lebensmittel werden zerschnitten und vermengt. Dabei sind die einzelnen Lebensmittel bzw. Lebensbereiche völlig durcheinander geraten. Das ist der Zustand während der Erstverschlimmerung oder auch die Umbruchphase genannt. Doch zum Schluss ist unser leckeres Essen fertig zubereitet. Alles ist perfekt aufeinander abgestimmt, es duftet herrlich und bereitet in uns ein positives Gefühl. Das ist unser zukünftiges Leben. Unser Ziel ist erreicht!

Um anschließend einen interessanten und erstaunlichen Rückblick über Ihre Veränderungen zu erhalten, können Sie sich ein kleines Buch anlegen. Dahinein können Sie Ihre Themen notieren, die Sie bearbeitet oder bewältigt haben. Außerdem können Sie offene Fragen, genutzte Affirmationen oder Mantras, gelöste Probleme, entdeckte Denk- bzw. Glaubensmuster sowie helfende Gebete festhalten. Es lassen sich in diesem Buch all die kleinen und großen Fortschritte festhalten, die im Alltag schnell mal übersehen werden.

Ich führe solch ein Buch schon seit einigen Jahren und bin beim Durchblättern immer wieder erstaunt, wie sehr ich früher auf Dinge reagiert habe, die nun für mich völlig abgearbeitet und somit uninteressant geworden sind.

Heutzutage gehe ich mit erheblich weniger negativen Dingen in Resonanz, als zu Beginn meiner Übungen. Auch etliche meiner persönlichen Schatten sind mit Licht durchflutet worden und begrenzen mein wundervolles Leben zum Glück nicht mehr.

Wir alle müssen Sinn und Aufgaben finden, um unser Leben glücklicher zu gestalten. Dann können wir anderen helfen, das Gleiche zu tun. Gemeinsam können wir diese Welt erlösen. Wenn Sie einen Schritt nach vorne machen, wenn Sie Ihr Leben heilen, können auch alle, die mit Ihnen verbunden sind, einen Schritt nach vorne gehen. Je mehr Sie mit Ihrer persönlichen Entwicklung fortschreiten, desto besser geht es den anderen um Sie herum. Wenn Sie glücklicher, erfolgreicher, lebendiger sind, hilft das den anderen.

(Eva-Maria Zurhorst in „Liebe dich selbst und es ist egal, wen du heiratest")

Und wenn wir gelernt haben, wie unser Universum funktioniert, wie unsere Gedankensteuerung unsere Gefühle und unser Leben beeinflusst, wenn wir diese Methoden an uns erprobt, erlernt und erfühlt haben, werden wir zusehends in der Lage sein, als Pädagogen eine ganzheitliche Arbeit zu leisten.

Eine ganzheitliche Arbeit, bei welcher wir Kinder mit einer bedingungslosen Liebe fördern und ihnen diese wichtigen universellen Gesetze unseres Daseins nahe bringen können, sodass sie, ihr Umfeld und ihre Umgebung davon profitieren, und ihnen schließlich ein ebenso freudiges und liebevolles Leben wie das unsere möglich ist.
Dann werden sich wahrhaftig die Erfahrungsberichte und das Wissen um diese Gesetze so weit verbreiten, dass uns mehr

und mehr lächelnde, glückliche und liebevolle Schüler, Eltern, Kollegen und Vorgesetzte auf dieser Welt begegnen.

Es ist mein ehrlicher Wunsch, dass das Thema „Wie Ihre Gedanken funktionieren" das allererste Fach wird, das in der Schule unterrichtet wird. Ich habe niemals verstanden, warum es wichtig sein soll, Kinder Kriegsdaten auswendig lernen zu lassen. Es Scheint mir eine enorme Verschwendung geistiger Energie zu sein. Stattdessen könnten wir sie in wichtigen Fächern unterrichten, wie: „Wie funktioniert das Bewusstsein?", „Wie gehe ich mit Geld um?", „Wie investiere ich Geld in finanzielle Sicherheit?", „Wie verhalten sich Eltern?", „Wie erreiche ich eine gute Beziehung?" und „Wie erreiche und erhalte ich Selbstachtung und Selbstwert?"

Können Sie sich vorstellen, wie eine Erwachsenengeneration wäre, die in der Schule neben dem üblichen Pensum in diesen Fächern unterrichtet würde? Stellen Sie sich vor, wie sich diese Wahrheiten äußern würden. Wir hätten glückliche Menschen, die mit sich zufrieden sind. Wir hätten Menschen, denen es finanziell gut geht und die die Wirtschaft bereichern, indem sie ihr Geld klug anlegen. Sie hätten zu jedem eine gute Beziehung und würden sich in der Elternrolle wohl fühlen und würden ihrerseits eine neue Generation von Kindern prägen, die mit sich zufrieden sind.

(Louise L. Hay in „Gesundheit für Körper und Seele")

Stichpunkte für mein Lese- und
Selbsterfahrungstagebuch

Hatte ich schon einmal ein Erlebnis mit positiver Resonanz?
Wenn ja, wann und wo?

Wie will ich mein Leben gestalten?
Welche Ziele habe ich für mein Leben?
Welche Ziele verfolge ich momentan?

Welche Gedanken überwiegen momentan bei mir?
Positive oder negative?
Woran speziell denke ich momentan überwiegend?

Wie will ich meine Zukunft gestalten?
Was will ich anziehen?

Welche Vorurteile habe ich?
Welche positiven Erwartungen hege ich?

Was ist meine größte Sorge?
Worauf kann ich vertrauen?

Wogegen bin ich eingestellt?
Wie lässt sich diese Einstellung umformulieren?

Was denke ich über mich selbst?
Wofür halte ich mich
Was sind meine Fähigkeiten?

Was lehne ich ab?
Was ist das positive Gegenstück dazu?
Worüber jammere ich? Mit wem?

Was gibt es Schönes zu berichten?
Wer ist ein angenehmer Gesprächspartner?

Verspüre ich Krankheitssymptome und wenn ja, welche?
Welche Gedanken bringe ich damit in Verbindung?
Was kann ich dafür tun, dass es mir besser geht?

Welche Wünsche schlummern noch in mir?
Was wollte ich schon immer einmal tun?
Was waren die Träume meiner Kindheit?

Was ist mein größter Wunsch?
Was kann ich dafür tun?
Habe ich schon einmal einen Wunsch falsch formuliert?
Wenn ja, welchen?
Wie kann ich ihn besser formulieren?

Wann war ich das letzte Mal im Zustand positiver Resonanz?
Mit welchem Menschen, bei welchem Thema?
Bei welcher Gelegenheit?

Welche Gefühle überwiegen momentan bei mir?
Wie fühle ich mich gerade jetzt, in diesem Moment?
Bin ich rundum glücklich?

Wie fühlt sich mein Leben momentan an?
Fühlt es sich leicht und beschwingt an?
Ist alles im Fluss und geht spielend voran?
Ist mein Vorankommen auf dem Lebensweg mühsam und zäh?
Muss ich mir alles hart erkämpfen und verliere es dann häufig wieder?
Ist dies das Leben, welches ich schon immer wollte?

Fühle ich mich von Jemandem ungerecht behandelt?
Wenn ja, wo ist mein Resonanzthema hierbei?

Wovor habe ich Angst?
Sind diese Ängste begründet?
Haben Sie Angst vor Neuem oder vor Verlust des Alten?
Welche dieser Ängste kann/muss ich loslassen?

Lehnen Sie Veränderungen ab?
Was lehne ich (unbewusst) ab?

Welche Themen kommen immer wieder?
Worum drehen sich meine Gespräche vermehrt?

Welche angeblichen Vorteile erreiche ich durch mein Verhalten?
Lohnt es sich, dafür zu leiden?
Welche anderen Strategien bieten sich außerdem an?

Fühle ich mich für etwas Bestimmtes schuldig?
Beschuldige ich andere Personen und wenn ja, weswegen?
Werde ich von jemandem beschuldigt?
Wo ist mein Resonanzthema hierbei?

Gibt es Menschen die ich verurteile und wenn ja, wofür?
Was sagt das über mich aus?
Wo ist mein Resonanzthema hierbei?

Was sind meine Fähigkeiten und positiven Eigenschaften?
Was empfinden Außenstehende als meine Stärken?

Wofür bin ich dankbar?
Wem kann ich meine Dankbarkeit zeigen?
Kann ich mit Dank umgehen?

Was sind meine persönlichen Wohlfühlfaktoren?
Was hilft mir bei welcher Grundstimmung?

Wie denke ich über mich?
Ich bin ...

Literaturnachweise und Empfehlungen

Asgodom, Sabine: *12 Schlüssel zur Gelassenheit*, Kösel-Verlag, München 2007

Betz, Robert: *Willkommen im Reich der Fülle*, KOHA-Verlag, München 2012

Bibel

Byrne, Rhonda: *The Secret*, Goldmann Arkana, München 2oo7

Carnegie, Dale: *Sorge Dich nicht – Lebe!*, Fischer, Frankfurt am Main 2oo3

Carnegie, Donna Dale: *Wie du Freunde gewinnst*, Fischer, Frankfurt am Main 2oo7

Dahlke, Rüdiger und Dethlefsen Thorwald: *Krankheit als Weg*, Goldmann, München 1990

Dahlke, Ruediger: *Die Schicksalsgesetze*, Goldmann Arkana, München 2oo9

Dahlke, Ruediger: *Das Schatten-Prinzip*, Goldmann Arkana, München 2o1o

Dörffler, Johannes: *Die Kunst der Menschenkenntnis*, Moewig, Ulm 1995

Exl, Matthias A.: *Befreie dich selbst! Über die Kunst, wahrhaftig zu leben*, Mankau, Murnau a. Staffelsee 2008

Franckh, Pierre: *Das Gesetz der Resonanz*, KOHA-Verlag, München 2008

Franckh, Pierre: *Einfach glücklich sein! 7 Schlüssel zur Leichtigkeit des Seins*, Arkana, München 2oo8

Friebel Dr., Volker und Friedrich, Susanne: *Entspannung für Kinder – Stress abbauen, Konzentration fördern*, Rowohlt Taschenbuch Verlag, Reinbek 2011

Hay, Louise L.: *Gesundheit für Körper und Seele*, Heyne, München 1984

Havener, Thorsten: *Ich weiss, was du denkst*, Rowohlt Taschenbuch, Reinbek 2oo9

Jordan, Harald: *Kleidung wie sie schützt und stärkt*, AT Verlag, München 2oo5

Kingston, Karen: *FENG SHUI gegen das Gerümpel des Alltags*, Rowohlt Taschenbuch, Reinbek 2oo8

Lao-tse: *Tao-Te-King*, Reclam, Stuttgart 2oo1

McColl, Peggy: *Dein Schicksalsschalter*, Goldmann Arkana, München 2oo8

Murphy, Joseph: *Die unendliche Quelle Ihrer Kraft*, Goldmann Arkana, München 2oo5

Nidiaye, Safi: *Der entscheidende Schritt*, Allegria, Berlin 2o1o

Pradervand, Pierre: *Segnen heilt*, Reichel Verlag, Weilersbach 2o1o

Schache, Ruediger: *Der geheime Plan Ihres Lebens*, Goldmann Arkana, München 2009

Scriba, Jürgen: *Die Kraft der Gedanken,* Fokus Nr.28 1994

Spezzano, Chuck: *Wenn es fesselt, ist es keine Freiheit*, Integral, München 2o1o

Talmud

Tepperwein, Kurt: *Die hohe Schule des Lebens*, Goldmann Arkana, München 2oo6

Von Münchhausen, Marco: *Wo die Seele auftankt*, Mosaik bei Goldmann 2oo6

Wagner, Karina: *Liebe ist der Weg ins Licht*, Aquamarin Verlag 2o11

Walsch, Neale Donald: *Erschaffe dich neu*, Mosaik bei Goldmann 2oo3

Young, Thomas: *Willkommen im Herzen*, Integral, München 2oo9

Zurhorst, Eva-Maria: *Liebe dich selbst und es ist egal, wen du heiratest*, Goldmann Arkana, München 2oo4

Aufgeführte Kinderliteratur

Burnett, Frances Hodgson: *Der kleine Lord*, (1886)
Jung, Maggie: *Kita aktiv: Projektmappe Ernährung*, 2. Aufl.
BVK, Kempen 2014
Köhler, Ilka: *Entspannungsgeschichten für Kinder*, 4. Aufl.
BVK, Kempen 2011
Köhler, Ilka: *5 Minuten Entspannungsgeschichten*, 1. Aufl.
BVK, Kempen 2014
Köhler, Ilka: *Klanggeschichten für Kinder*, 3. Aufl., BVK,
Kempen 2012
Köhler, Ilka: *Bewegungsgeschichten für Kinder*, 3. Aufl., BVK,
Kempen 2012
Köhler, Ilka: *Yogageschichten für Kinder*, 1. Aufl., BVK,
Kempen 2014
Köhler, Ilka: *Massagegeschichten für Kinder*, 4. Aufl., BVK,
Kempen 2015
Köhler, Ilka: *Soziales Lernen – Kooperation: Die Geschichte
der Ameisenkönigin*, 1. Aufl., BVK, Kempen 2012
Köhler, Ilka und Rompa, Regine: *Globales Lernen – Tierrechte*,
1. Aufl., BVK, Kempen 2013
Maar, Paul: *Eine Woche voller Samstage*, Oetinger Verlag,
Hamburg 2012

Über die Autorin

Ilka Köhler ist Sonderpädagogin und hat über 10 Jahre mit Kindern unterschiedlicher Altersklassen in Kita, Grund- und Förderschule gearbeitet.

 Inzwischen unterrichtet Sie in einer Förderschule mit dem Förderschwerpunkt „geistige Entwicklung". Außerdem leitet sie als Entspannungspädagogin Seminare für PädagogInnen und Kurse für Entspannungsverfahren und Stressmanagement.

Durch Ihre verschiedenen Tätigkeiten kam sie immer wieder in Kontakt mit PädagogInnen unterschiedlichster Arbeitsgebiete und Bildungsträger. Während der Gespräche fielen ihr die stets wiederkehrenden Themen auf, mit denen sich die Pädagogen auseinanderzusetzen haben: Überarbeitung, Stress, Unzufriedenheit und Burnout. Aus diesem Grund entschied sie sich dafür, dieses Buch zu schreiben.

Zuvor veröffentlichte sie als freie Autorin Geschichten zur Wahrnehmungsförderung und Material für die Arbeit mit Kindern im Kita-, Grundschul- und Förderschulbereich.

Weitere Informationen finden Sie unter:

ilka-koehler.blogspot.de oder auf Facebook

207

Weitere Veröffentlichungen

22299677R00119

Printed in Poland
by Amazon Fulfillment
Poland Sp. z o.o., Wrocław